풍선 같은 인생아

이 옥 주

ⓓ 예 다 인

1. 풍선 같은 인생아 / 003
2. 눈물은 무슨 색일까 / 006
3. 내 마음 살랑살랑 / 008
4. 소나기 / 010
5. 꽃향기에 취하고 술향기는 취하지 말자 / 012
6. 가을바람 / 013
7. 여자인가 남자인가 / 015
8. 단풍잎 이야기 / 017
9. 끼리끼리 / 019
10. 달님해님 / 024
11. 잊혀진 꽃들 / 025
12. 지구촌 이야기 / 026
13. 늦은 여름 / 028
14. 나뭇잎 배 / 029
15. 소중한 다리 / 030
16. 홀로 아리랑 / 031
17. 헷갈리네요 / 032
18. 아! 옛날이여 / 034

19. 순진해 무식해 / 038

20. 골목산책 / 043

21. 추억의 행복 / 045

22. 물이 흐르는 계곡 / 047

23. 안돼요 그러시면 안돼요 / 048

24. 후회없이 살아보세 / 053

25. 달려보자 / 056

26. 외로워요 / 058

27. 칠월에 핀 진달래 / 060

28. 그리운 입맛 / 061

29. 아빠의 하루 / 062

30. 누가 언니인고 / 063

31. 3번의 눈물 / 064

32. 네 개의 액자 구름 / 066

1. 홍제천 산책길 / 071
2. 올림픽/ 074
3. 코로나 / 076
4. 행운의 전도사 / 077
5. 면회 / 080
6. 오얏나무 침대 / 083
7. 가을여행 / 085
8. 나머지 인생 / 088
9. 나그네와 나뭇잎 / 090
10. 만보걷기 / 092
11. 김장이야기 / 095
12. 돌들의 이야기 / 098
13. 만보걷기 II / 101
14. 보호막 / 104
15. 애완견주님께 / 106
16. 시간여행 / 109
17. 꽃 향기에 영혼을 실어 / 111
18. 무무대 / 113

19. 해로운 벌레 / 115

20. 무궁화 동산 / 118

21. 휴게소 투어인가? / 121

22. 지구를 떠나다오 코로나여 / 124

23. 가족 사진 / 126

24. 길치가 가져다 준 선물 / 129

25. 이삿날에 생긴일 / 132

26. 나도 왕따였다./ 135

27. 비건/ 137

28. 인왕제색도/ 140

29. 살고도 싶고 살기도 싫고 죽고도 싶고 죽기도 싫고 / 142

30. 벚꽃 축제 / 144

31. 쫑알쫑알 / 146

32. 노숙자 / 148

33. 지렁이 / 150

34. 고목나무 / 152

작가의 말

어렸을 때 뒷산에 둥근달이 떠 오를 때 손을 뻗으면 달을 딸 수 있을 것 같아 할아버지를 조른 적이 있는데 그때는 뒷산이 굉장히 높아 보여 올라갈 생각은 하지 않고 할아버지를 원망했었는데 조금 커서는 산은 얕고 하늘은 아주 높아 달을 딸 수가 없음을 알게 되었다.

사람들이 말하기를 옛날에는 인왕산이 높고 숲이 우거져 호랑이도 나타났다고 했는데 세월이 흘러 20여 살 정도 되니 거뜬하게 옛날 이야기를 비웃으며 능선을 오르락 내리락 하면서 별거 아니구나 하며 행복을 느꼈었는데 그 후로 바다보다는 산을 더 좋아해 설악산 등 우리나라 모든 악산과 한라산 백록담까지… 사느라 바쁘고 이 핑계 저 핑계 대다가 몇 십 년이 흘렀구나

칠십 고개를 넘겨보니 비웃었던 산이 또 다시 대여섯

살에 바라보았던 장엄하고 웅장하던 금방 호랑이라도 숨었다가 팔려 들것만 같아 숨이 멎을 것 같이 답답하고 식은 땀이 흐른다.

고개를 들어 하늘을 보니 답답해 보이는 자그마한 아파트 사이로 노래가사처럼 (낮에 나온 반달은 하얀 반달은 해님이 쓰다 버린 쪽박인가요…) 동요 한 구절이 생각나 흥얼거리며 왜소하고 초라한 나의 모습이 추억 한 켠으로 빛 바랜 사진이 새하얀 구름속에서 강물처럼 흘러가고 있구나 잠시 쉬어 한 컷 한 컷 추억의 사진을 돌려본다
보내기 싫구나 잡고 싶구나 무심한 세월이여!

나는 평범한 엄마로 의식주 해결하느라 일생을 정신없이 살아왔다. 가끔은 옛날이 그리울 때도 있다. 칠십이 넘어 조금 시간이 여유로워지니 글이 무엇인지 시가 무엇인지 모르지만 연필 가는 대로 추억을 더듬으며 행복에 젖어 본다. 별일 아닌데 뿌듯하다.

풍선 같은 인생아

전주이씨 중종대왕 제6왕자
봉성군 14대손

이 옥 주

풍선 같은 인생아

1)
비탈길을 달린다
바람이 손짓한다 흰 머리카락 날리며
꽃비와 같이 오라고
내 마음의 근심도 걱정도
꽃비와 같이 날려 날려 보내자고
동녘하늘 바라보며
골목길 돌고 돌아
넓고 넓은 사거리 앞
어디로 갈까
어떻게 갈까
망설이다가
깜박 깜박 깜박이는
불빛에 놀라

아차차!
길을 잃었네
또 다시 다람쥐 인생
달리고 달려 달려 왔건만
저 멀리 멀리 달아나는
잡힐 듯 잡힐 듯 잡히지 않는
다람쥐 같은 인생아 인생아!

2)
오르막 길을 오른다
비바람이 손짓한다
흰머리카락 날리며
꽃비와 같이 오라고
내 마음의 평화와 행복도

꽃비와 함께 날아보자고

풍선같은 인생아

무지개빛 성공을 위해

사랑을 찾아 성공을 찾아

행복을 찾아

머리를 빙글빙글

얼굴은 화끈화끈

가슴은 콩당콩당

허리는 굽신굽신

발바닥은 동동동

손바닥은 싹싹싹

돌고돌아 무지개 빛

사라지는 뜬구름 잡으러

연기처럼 사라지는 풍선 같은 인생아!

눈물은 무슨 색일까

빗줄기가 머리를 세차게 때린다
빗물을 튕기며 달리고 달린다
빗물인가 눈물인가 콧물인가
눈물에 색깔이 있다면
지금의 이 눈물은 무슨 빛깔일까
빨, 주, 노, 초, 파, 남, 보 무지개 색깔일까
빗물, 눈물, 콧물이 얼굴에 번져
지금의 내 얼굴은 무슨 빛깔일까
골목길로 도망친다
속마음 들키고 싶지 않아서

햇님이 따라온다
따사로운 햇살이 머리를 쏜다
벌님이 쏘지도 않았는데

눈물인지 콧물인지 따가운 햇살인지

눈물에 색깔이 있다면

지금의 이 눈물은 무슨 색일까

넓고 넓은 사거리로 달리고 싶다

누군가를 만나 소리를 지르며

얼싸안고 뱅뱅뱅

너무 너무 행복해 뱅뱅뱅

따사로운 해님이 빙긋 빙긋 빙긋

내 마음 살랑살랑

바람이 살랑살랑

나뭇잎 살랑살랑

내 마음 살랑살랑

굽이 굽이 언덕길

미끌미끌 언덕길

빈대떡 바위돌

지친 몸 쉬어 가게나

방울 방울 땀방울

식히고 가게나

송화가루 분가루

얼굴에 연지 곤지 찍을까

향기로운 아카시아

향수 삼아 뿌릴까

바람타고 사랑님 찾아갈까

그리운 님 그려본다

추억에 젖어본다

만나보고 싶어진다

바람이 살랑살랑

나뭇잎 살랑살랑

내마음 살랑살랑

소나기

툇마루에 걸터앉아
산너머 하늘을 바라본다 멍하니
신발은 반쯤 즈려 밟고
무서운 바람을 타고
내게로 달려드는 먹구름
우르르 쾅쾅 번쩍 번쩍
야속한 하늘만 뚫어져라
해님이 방긋 반쯤 웃네요
벌떡 일어나 하늘을 보네요
보슬비가 얼굴을 간질어 주네요
아~주 잠깐 생각에 잠겨요
그~냥 있으라고 이슬비인가
아~니 놀러가라고 가랑비인가
오락가락 내마음 갈팡질팡

철 이른 코스모스 손짓하네요
마음껏 들판길 달려보라고

꽃향기에 취하고 술향기는 취하지 말자

벌나비 꽃향기에 취해 날아가고
이내몸 술향기에 취해 날아간다
깃털처럼 날아간 벌나비 보이지 않고
이내몸 뭉게구름 속에서 두둥실
부르릉 손짓하는 구름 따라 가네요
벌나비 찾으러 토끼구름 나비구름 되어
뭉게구름되어 반짝이는 은하수 속에 갇혀 있는 나
여기는 어디 천국인가 지옥인가 꿈인가
날아와 앉는다 내 귓가에 들리는 슬픈 교향곡
오색 구름속에서 떨어지는 소낙비연가
내 가슴속에 날아와 안기는 북두칠성
별빛처럼 빛나는 사랑하는 눈방울들
꽃향기에만 취하고 술향기에는 취하지 말자
꽃향기에만 취하고 술향기에는 취하지 말자

가을바람

맑게 개인 푸른 하늘
솔솔 불어오는 가을바람
맏언니 단풍 대롱대롱
하루라도 더 늦게 오지 바람이여!
심심했나 봐 나뭇잎 친구하고 싶어
천둥오리 둥둥 놀러 나가고
떨어진 나뭇잎 배 둥둥
물들도 반가워 보석같이 반짝반짝
나뭇잎 배야 천둥오리야
멀리 떨어진 친구 소식 전해다오
언덕에 코스모스 한들한들
바람에 예쁜 꽃 얼굴 간질간질
고추 잠자리도 소식 전하러 떠나가고
징검다리 영아반 아이들 재잘재잘

선생님 손잡고 손잡고 한발 한발
한켠 좁은 내리막길 종종걸음 달리고 달려
높이 높이 든 손 보이지 않고 질질 글리는 연
앙증맞은 손 높이 들었지만 질질 끌리는 연
그래도 달리고 달리고 순간 포착 찰칵 찰칵
넘어질까 날아 오를까 바쁘게 움직이는 손
한참 보고 있으려니 나도 모르게 빙긋이—
추억도 좋지만 생각 좀 하시지
키보다 커다란 연보다 바람개비가 좋았을 텐데
깔깔깔 가을바람 타고 추억으로 가는 사진 찰칵!

여자인가 남자인가

복사꽃 살구꽃 피는 나의 고향

앙상한 나뭇가지 연두색 핫바지

나는야 살구 꽃이 입혀준 연분홍치마

파아란 하늘 빛에 물들어

나뭇가지 연두색 핫 바지 벗고

하늘이 준 쪽빛 코트 갈아 입었네

나는야 해님이 보내준 미니스커트(짧은 치마)

오색 무지개속 두리둥실 흰구름

나뭇가지 황금빛 바지 입은 삐에로

나는야 댕기머리에 열두폭 공주치마

심술난 동장군이 다 가지고 달아나서

나뭇가지 추울까봐 볏짚치마 입혀 주었네

나는야 털모자 털코트 털장화 신고

어머나! 볏짚 치마 입은 당신은 여자인가 남자인가

고개를 갸우뚱 알 수 없네 알려주세요
나는야 사랑하고 기다리는 보금자리로

단풍잎 이야기

불타 오르네 불타 오르네 단풍나무가 타고 있네요
너무 붉어서 산에 있는 나무가 다 타 버릴 것 같네요
얼굴이 화끈 달아오르는 것 같네요
새빨간 단풍잎의 물이 얼굴에 번져 화끈거리네요
세상 어느 화가가 이렇게 아름다운 색을 만들 수 있을까요
하나님이 만들어 놓은 이 색깔을 감히 누가 흉내 내리요
금방이라도 알알이 터져 튕겨져 나올 석류알처럼
오색 찬란한 폭죽처럼 너무나 아름다워 황홀하네요
홀린 듯 비틀 비틀 단풍잎이 손짓하는 곳으로 넋을 잃고 걷다가 넘어질 뻔 했어요
앵앵앵 소방차 부를까 코끼리 아저씨를 부를까 불 꺼 달라고요

순간! 바람이 먼저 날아 왔네요 부르지도 않았는데요
소방차 보다 더 빠르게 휭~ 휭~ 단풍잎 사이로 사이로
물 대신 바람으로 곡예 하듯 단풍잎 불을 끄네요
사르락 사르락 떨어지며 붉디 붉은 융단길을 만드네요
어느새 불꽃 같은 단풍잎이 내려와 땅을 불 태우네요
나는야 오월의 여왕인듯 붉은 융단 길을 걸으며
사르락 사르락 소리를 들으며 두 눈을 살포시 감고
코는 벌름벌름 시원한 바람을 풍선이 배 안으로 들어 앉은 것처럼
둥들게 둥글게 만들고 양팔을 허수아비처럼 벌려
빙그르르 돌면서 내 마음의 무지개를 타고 행복에 취해 보네요
미소 지으며 꿈속으로 여행을 떠나 보려구요

끼리끼리

1) 까치가 뒷산에서 울고 있네요 반가운 소식을 가져왔다고
꺼이꺼이 눈물이 나네요 반가운 소식에 아들, 딸, 손주가 올 것 같네요
꼬낏꼬낏 쌈짓돈을 만지작 만지작 갈라진 손끝으로 세고 또 세고
꾸벅꾸벅 졸면서 세면서 달빛을 바라보며 그리운 얼굴을 찾으며
끄덕끄덕 그래도 잘 살아왔구나 소소한 행복이지만
끼륵끼륵 낄낄낄낄 울음반 눈물반 행복반 아쉬움반 내일을 기다리며 (ㄲ)

2) 따사로운 햇볕이 그리워 양지바른 앞마당에 나왔다

19

떠있는 해님을 두팔 벌려 쫓아가며 잡으려 한다
똑똑 누구신가요 휘둥그래진 눈망울 굴리며 귀는 쫑긋
뚜벅뚜벅 험악한 발걸음 햇님이 놀라 도망 갈까봐
뜨락에서 미끌어지듯 달려나가 띠를 길게 늘여
띠를 길게 더 늘여 해님이 도망 못가게 칭칭 동여 매볼까나

3) 빡빡머리 민둥산에
뻑국새 뻑꾹뻑국
뽀시래기 찾아 헤매다
뿌연 안개에 갈곳 잃어
어여쁘다 어여쁘다
삐뚤 삐뚤 힘든 날개 짓

힘내다오 사랑하는 뻐꾹아

4) 짠짠짠 다슬기 친구들
시냇가에 모여노는 작은 친구들
쩌요쩌요 가마솥에
쪼그만한 다슬기들을
쭈글쭈글 다슬기 알갱이들
쯧쯧쯧 너무 삶았네
찌글찌글 먹을수가 없네

5) 싸서 먹고 무쳐 먹고 지져 먹고 끓여 먹고
써도 먹고 달아도 먹고 시어도 먹고 매워도 먹고
쏘세지도 먹고 오뎅도 먹고 김밥 순대 떡볶이도 먹고
쑤셔 넣듯 게눈 감추듯 빼앗아 먹듯 몰래 먹듯

쓰리쓰리랑 아리아리랑 얼쑤 좋다 절쑤 좋다
씩씩하게 앞으로 힘차게 앞으로 행복하게 앞으로

6) 쌀쌀한 날씨에 싸늘한 마지막 바람이 부네
써늘한 바람에 옷깃을 여미네
쏘아올린 화살끝이 반달을 그리다가
쑤셔박히듯 산속에 꽂혀 버렸네
쓰으윽 쓰으윽 어깨춤을 추려다가
씨이익 두리번 거리며 어설픈 마음을 달래본다

7) 낄낄낄 배 움켜잡고
딱딱딱 아우성소리
뿡뿡뿡 아유 시원해
쓰리쓰리랑 너무 좋아요

껄껄걸 크게 소리내어 웃고
딱딱딱 터져라 손벽치고
빠르게 뛰듯이 걷고
쓰리쓰리랑 너무 행복해요

달님해님

휘영청 달 밝은 밤 창가에 달님이 찾아와 속삭이네요
달맞이 꽃 친구 삼아 사연사연 실타래 엮어 가다가 도란도란
꿈인 듯 생시인 듯 잠들었다가 나팔꽃 나팔소리에 일어나
햇살 내리쬐는 담벼락 밑 돌 위에 걸터앉아
밤새워 사연 들어주다 지친 달맞이 꽃 고개 떨구고
해맞이 꽃 활짝 웃으며 초승달 실눈 뜬 할머니 옆 얼굴
실 주름 올려다 보며 미소 짓는 해맞이 꽃 내가 친구 해 드릴께…
못다한 실타래 얽힌 사연 끄덕끄덕 도란 도란 흔들 흔들…

잊혀진 꽃들

구석진 땅 바닥에 똬리 틀고 앉은 난장이 채송화 꽃이
천진난만한 아이처럼 방긋방긋 웃고 있었다
그러고 보니 자주 불러보던 꽃들이 많이 사라진
느낌이다
분꽃 꿀 빨아 먹던 사루비아 꽃 백일 동안 핀다는
백일홍
바람에 한들한들 누나가 좋아한다던 과꽃 등등…
10년 세월마다 새로운 꽃들이 바뀌는 것 같다
생소한 이름 모를 꽃들이 너무 많고 크고 작은 자태,
저마다 다른 향기
바람에 한들 한들 쓰러질 듯 안쓰러운 몸짓…
넋을 잃고 바라보다가 나도 하루하루 다르게 다리가
풀리고 비틀비틀 어지럽다 꽃 향기에 취한 것일까
훨훨 하늘 나라로 갈 날이 서서히 다가오는 같다
쓸쓸하다 그래도 어찌 가는 세월 잡을 수가 있을까…

지구촌 이야기

흙바닥 네발로 엉금엉금
바람에 구름이 흘러 흘러
빗물은 강으로 흘러 흘러
꽃잎은 바람에 화장하고
눈물이 그려준 잔주름들

모래밭 두발로 뚜벅뚜벅
구름은 귀여운 토끼인형
강물은 바다가 보고싶어
꽃잎은 벌님이 보고싶고
주름진 얼굴에 검버섯꽃

바둑판 세발로 딱딱딱딱
짝잃은 토끼는 어디갔나

바닷물 조각배 넘실넘실
벌님을 꽃들이 손짓하고
내사랑 미소로 반겨주네

늦은 여름

가기 싫다고 아쉬운 여름 앵앵앵
늦게 찾아온 나의 음악시간 맴맴맴
시끄럽다고 배고프다고 앙앙앙
일어나라고 방긋 웃는 해님 똑똑똑

늦었다고 비몽사몽 허둥지둥
피곤하라고 뽀뽀대신 토스트 한 입
뽕뽕뽕뽕 배고프다고 응애응애
뽀송뽀송 젖꼭지 물리고 끄덕끄덕

창밖의 햇님 손짓하며 아침인사
싹 윙윙 청소기 들고 아침인사
창밖에선 참새들도 **짹짹짹**
천사같은 우리아가 방긋방긋

나뭇잎 배

사랑과 바람은 구름에 떠다니는 조각배 같아서
잡으러 들면 멀리 달아나고 만지러 들면 부서져 버리는
낙엽 같구나! 바람아 잠시만 멈추어 다오!
깜박 깜박이는 등대불 꺼지지 않고 무지개 다리에
한발 닿을 수 있도록 황금빛 나뭇잎 배타고 사랑찾아
함께 가자꾸나 가자꾸나

소중한 다리

바람에 부대끼며 손짓하는 나뭇가지
옥구슬 굴러가는 노래소리 새소리들
파도에 부딪치는 바윗돌 울음소리
햇살에 반짝이는 모래알 웃음소리
강산도 보고파라 바다도 보고파라
그리워 그리워라 보고파 보고파라
위대한 하나님이 선물로 주신다리
상할까 상할까봐 온마음 정성 다해
무거운 엉덩이를 힘겹게 들어올려
싫어도 한두발짝 싫어도 서너발짝
눈물이 찔끔찔끔 콧물도 훌쩍훌쩍
방바닥 눕고싶다 머잖아 눕게 될걸
병들어 후회 말고 억지로 걸어보세

홀로 아리랑

태어날 때 두려워 울고
아장아장 엄마 손 잡고
사쁜 사쁜 친구들과
또박또박 어릴 가시나
톡톡톡톡 바쁜 손가락
인생살이 홀로 아리랑
가슴 아파 괴로워도
다리 아파 슬퍼도
방에 누워 천장만 보네
나이 칠십 눈물보따리
세상살이 떠나갈 때는
두 손 높이 찬양하고
편안한 님 손 내밀어
외롭지만 홀로 아리랑

헷갈리네요

콧구멍은 씰룩 씰룩

목구멍은 꼴깍 꼴깍

뱃고동은 꼬르륵 꼬르륵

어서 오세요

들어 오세요

반가와요

어디로 갈까 무엇을 하러 갈까

한 잔 할까 고깃집

몸에 좋은 구이집

비오는 날엔 국시집

어디로 갈까 들어 갈까 망설인다

솜씨내는 집이야 맵시보는 집이야 망설인다

하지 마세요

이것 저것 하지 마세요

한가지만 하세요

헷갈리네요

아! 옛날이여

콩콩콩 빡빡빡 앙앙앙 쉿쉿쉿

마지막 양은그릇 빵구날라

춤추며 날아든 부지갱이

어이쿠! 후다닥 달리고 달려

두 눈 감고 앞만 보고 달리고 달려라

미끄덩 발라당 솔솔 솔방울

너덜너덜 찢어진 검정 고무신

양손 움켜쥐고 달리고 달리고

야야 얘들아 모이자 모이자

솔솔방울 주우러 가자

가위바위보 편가르기 하자

청군 백군 나누어서 왼발 오른발 슛

솔방울 축구놀이

방울방울 땀방울 뚝뚝뚝 땟국물

다른 놀이 없을까 바닥에 주저앉아

멍하니 ― 하늘을 본다

구름이 손짓한다 가자!

나무토막 찾으러 앞산으로

웅덩이 깊게 파고 파고

나무토막 세우고 어금니 꽉 물고

주린배 화난배 화풀이

틱틱틱! 탁탁탁!

까르르 까르르 에이 ―

다시한번 틱틱틱 탁탁탁

획 ― 홈런 ―

앗불싸 야구놀이

나비처럼 날아 잡는다

까르르 까르르 하하하 하하하
이겼다 이겼다 에이 졌다

해질녘 저녁놀 붉게 물들고
땅꺼미 드리운다
집으로 갈까 말까
야속하다 눈물도 흐른다
뱃속에서 꼬르륵 꼬르륵 고동친다
터덜터덜 질질질
이골목 저골목 구부러진 허리
굽이 굽이 돌아서는데
개똥아! 쇠똥아! 만수야!
어디 갔다 이제 오냐 배고프지 않더냐
엉엉엉 앙앙앙

엄니 엄니 엄니

찌그러진 사립문 열고 들어간다

언제 그랬냐는 듯

해님도 별님도 잠들고

나도 꿈속에서 방긋 웃는다

순진해 무식해

똑딱 똑딱 똑딱 시계
까르르 까르르 시계
껄껄껄 하하하
포크 (fork) 젓가락
포크 (pork) 삼겹살 (돼지)
키친 (kitchen) 부뚜막
치킨 (chicken) 맛있는 통닭
무식해 무식해 무식해

커다란 손
무서운 손
얼굴을 향해
꼬집는다 비튼다
발랐지 아파요 몰라요

파운데이션!
그게 뭔데요 놀란 토끼눈

손을 내민다
꽉 잡는다
면도칼로 긁으란다
왜? 어디를?
아파요 손을 감춘다
매니큐어!
그게 뭔데요 놀란 토끼눈

우윳빛 뽀얀 피부
탱글 탱글 탱글
반짝 반짝 빛나는

예쁜 손톱

순진해서 죄송해요

무식해서 죄송해요

오랜만에 지하철 문 활짝 밀치고

발걸음 가볍게 올라탄다 (들어간다)

잠깐만!

역무원 아저씨 벌금 30배

동그란눈 빨간 토끼눈

어린이용, 학생용, 어른용 다르다네요

순진해 무식해 순진해 무식해

멋쟁이 옆집 아줌마

이래봐도 — 제야

— 제가 뭔데요
무식해 무식해 무식해

발라드, 팝송 나는 몰라요
울고 웃는 노랫말 트로트 뽕짝
무식하다 해도 나는 좋아요

알파벳 대문자 뜻풀이
어려워 어려워요
훈민정음 초성어 뜻풀이 어려워요
세종대와 할아버지 인자하신 할아버지
존경하고 사랑해요 아름다운 우리말 사랑할게요

세계는 하나 다문화 가족 — 제 몰라도

괜찮아! 무식해도 괜찮아!
서로 서로 사랑하며 이해하며 날아갈
나비처럼 날아보자

그래도 배워야지 알아야지
불편하지 않지만 창피하잖니?
순진해 순진해 순진해 그래도 좋아요
무식해 무식해 무식해 불편해요

골목산책

해님이 부르네요
빨리 나오라고
참새가 부르네요
짹짹짹 놀자고
돋보기를 찾네요
만보기를 찾네요
전화기도 챙겨요
따르릉 따르릉 비켜나세요
좁고 좁은 골목길
담쟁이 덩굴 밑에
불법주차 자동차
스르르 스르르 비켜주세요
빵빵빵 비켜주세요
모르네요 안들리나 봐요
귀가 어두우신 어르신

마름모 네모난 보도블록
조심하세요 널브러진 전동킥
앞이 안보이신 할머니
걸어요 걸어요 걸으면 건강해요
겁나요 겁나요 걸을 수가 없어요
널브러진 전동킥
불법주차 자동차
양심을 지키세요
부탁합니다 준법질서
약속합시다 준 법질서
사랑합시다 우리모두
건강을 지킵시다
걷고 또 걸읍시다
질서를 지켜 주세요

추억의 행복

추억이 살아난다

나뭇잎 사이에 숨어 있는 산딸기

어릴 적 친구 따라 헤매던 산속

망개 따주고 여치 잡아주고 산딸기 따 준다고

오르고 올라도 보이지 않는 망개 여치 산딸기

천둥 소나기 앞은 보이지 않고

사나운 빗줄기에 얼굴은 아프고

시야가 가려 넘어지고

눈물, 콧물, 빗물은 흐르고

언니는 동생 업고 달리고 달리고

홀로 넘어진 외로운 아이

얼마나 흘렀을까 산소 옆에 누워

안개 낀 것처럼 담배연기처럼

흐릿하게 드러나는 그리운 얼굴

할아버지 할머니 아버지의 눈물
큰일날 뻔 했구나 천운이다
친구네 가족은 어디 갔을까
연기처럼 사라져간 그리운 추억
망개 여치 산딸기 생각 말자
어릴 적 추억이 그리움이 되어서
이제는 어른이 되어 산에 오르면
여기 저기 둘러 본다 휘 ~ 휘
그리움 조각 타고 올라가
추억에 잠기어 눈물 흘리고
따사로운 해님 품에 미소 짓는 엄마
엄마 품속에 미소 지으면 고이 잠든
천진난만 아가들의 행복을 찾아서

물이 흐르는 계곡

가거라 가거라 광란의 빗줄기야
오너라 오너라 아름다운 무지개야
흘러라 흘러라 계곡의 물줄기여
불러라 불러라 참새들의 노래 소리여
들어라 들어라 졸졸졸 시냇물 소리
들어라 들어라 재잘재잘 까르르
열어라 열어라 얽힌 사연 답답한 가슴
들어라 들어라 솔잎향기 실어오는 바람소리여
들어라 들어라 경쾌한 시원한 음악 소리
버려라 버려라 복잡하고 잡다한 생각을
비워라 비워라 시원한 콧바람 소리로
채워라 채워라 행복하고 소중한 생각으로
모여라 모여라 천진난만한 아가들이여
모여라 모여라 은빛 금빛 할배 할멈들도
모여라 모여라 풋풋한 언니 오빠들까지도

안돼요 그러시면 안돼요

시들시들 한들한들 힘이 없어요
갈증이 나네요 물 좀 주세요
장미꽃길 향기나는 국화꽃길
아름다운 행복한 골목길
구멍이 났네요 쥐구멍인가
없어진 꽃 사라진 꽃
골목길 크고 작은 들꽃들
크고 작은 예쁜 화분들
옹기 종기 모여 도토리 키 재네요
어머나! 연기처럼 사라진 화분들
안돼요 안돼요 그러시면 안돼요

담 밑에 담배 꽁초 바닥 쓰시는 할아버지
고마워요 사랑해요 행복하네요

어머나! 맨홀 속 하수구속에 쏙!
안돼요 안돼요 그러시면 안돼요

회의, 사무를 빌딩 앞에서 하나요
담배꽁초 음료수캔 가래침
인도가 쓰레기장이 아니에요
안돼요 안돼요 그러시면 안돼요

소방도로 사거리 길복판
멋드러진 신사복 입은 친구들
탁! 잠깐!
무엇을 떨어뜨렸네요
아니에요 버린 거예요
안돼요 안돼요 그러시면 안돼요

광화문 사거리 벤치에 앉아
행복해 보이는 사랑스러운 남여
딱딱딱 퇴퇴퇴
길바닥에 버리시면 안돼요
힐끗 힐끗 쳐다만 보고 줍지를 않네요
안돼요 안돼요 그러시면 안돼요

세상사람 좋아하는 애완견
소방차 방해하지 않으려고
담없는 마당
어마나! 일부러 마당으로 끌고 가네요
남의 집 마당에 볼일 보면 안돼요
그럼 마당에 볼일 보지 어디다 봐요?

고개 꼿꼿이 들어 쳐다본다
할말 잃은 할머니 힘없이 돌아선다
치우지 않은 변은 보지도 못했으니
발길 돌리며 혼잣말 중얼거린다
가슴은 부글부글 얼굴은 붉으락 푸르락

집안일 좋은 생겼다고 일찍 가더니
게임, 음주 한가닥 뽑으셨군요
밤새워 놀다 늦잠 잤네요
후다닥 후다닥 바쁜일 있으신가요
보기 좋아요 열심히 하시네요
어머나! 웬일이신가요
사우나에서 후다닥 나오시네요
안돼요 안돼요 그러시면 안돼요

앞으로는 그러지 마세요

건강을 위해서 사회를 위해서

가족을 위해서 행복을 위해서

안돼요 안돼요 그러시면 안돼요

후회 없이 살아보세

싱그러운 봄바람 솔솔솔
봄 아가씨 나비타고 훨훨훨
무슨 꽃 찾아 오시려나
아름다운 아가씨 상큼상큼
백마탄 왕자님 성큼성큼
설레는 첫사랑 기다려지네

은은한 분향기 아카시아 꽃 향수
담 밑에 수줍어 얼굴 붉히는 봉선화 꽃
채송화 놀림속에 누군가 기다리는 해바라기 꽃

사랑하는 너와 나 만나 백년가약
하루종일 동분서주하는 불난 발바닥
힘들어도 즐거워라 하하하 호호호

저 멀리 산자락에 울긋불긋 금수강산

황금빛 들녘에는 무지개빛 열매들

풍성해진 둥그런 식탁이 해님처럼 빙빙빙

첫사랑이 열매 맺어 즐거운 우리집

금빛보화보다 더 귀한 아들 딸들 보물

이야기 보따리 풀어 재잘재잘 까르르 까르르

북녘하늘 바라보니 다아이몬드 눈송이 날리고

백발머리 곱게 빗고 무심코 바라본 먼산

행복한 마음에 실눈 뜨고 살포시 미소 짓는다

얼씨구 절씨구 잘 살았구나 행복하구나

꽃나비 봄바람 타고 다시 오듯이
우리네 인생도 다음 세상이 있으니 후회 없이 살아보자꾸나

달려보자

일어나 일어나 벌떡 일어나
걸어라 걸어라 빨리 걸어라
땀나네 땀나네 바닷물 냄새
가리네 가리네 눈앞을 가리네
기우뚱 기우뚱 비틀거리네
그래도 그래도 빨리 걸어라
그래야 그래야 건강을 지키지
고혈압 심장병 당뇨야 가라
무지개 일곱 빛깔 간식 먹으려면
오늘도 내일도 열심히 걷자
꾀내지 말거라 얄미운 토끼
꾀내다 실패한 귀여운 돼지
걸음을 멈추면 건강 해친다
나비처럼 날듯이 뛰어가고

깃털처럼 가볍게 달려가고

높푸른 하늘 바라보며 달려보자

외로워요

저 멀리 길 모퉁이에서 반갑게 손짓을 한다.
외롭다고 친구가 되어 달라는 외로운 할아버지
나도 외롭다고 친구하자고 뒤뚱뒤뚱
반갑게 손 흔들며 걷다가 갑자기 멈춘다.

발뿌리에 자그마한 꽃봉오리가 오손도손 모여 앉아
할아버지 가지 말라고 우리와 함께 놀자고 유혹한다.

우리네 인생도 나 홀로인데 외로운 꽃 한송이 외면하고
오손도손 모여 있는 자그마한 꽃송이들에게 빠져든다.

순간! 외롭게 홀로 걷지 말고 꼬깃꼬깃 주머니속에서
지폐한장을 만지작거리며 손주 찾아 유치원으로 향한다.
반가운 마음에 멀리서 손을 흔들며 이름을 불러본다.

손주녀석 뛰어 오는가 싶더니…
엄마! 넘어질듯이 달려 엄마품에 안겨 손 꼭 잡고 재잘재잘 거리며 걷는다.
못 보았지! 못 보았을 거야!
섭섭한 마음 달래며, 힘없이 또 외로이 터벅 터벅 걷는다.
섭섭하다 못해 눈물이 난다.

어차피 인생은 나홀로인 것을…
외로워 울지말고 슬퍼하지도 말고 섭섭해 하지도 말자!
그게 인생이거늘…

칠월에 핀 진달래

갈 길을 잊었나
이름을 잊었나
계절도 잊었나
춘삼월 지났건만
그늘진 돌틈사이
축 늘어진 진달래
버얼써 칠월인데
이 길인가 아닌가
내 이름 누구인가
내 나이 몇이더라
더위 피해 걸터앉은
하필이면 진달래 옆
계절 잊고 헤맨 우리
마주보며 웃어보자

그리운 입맛

오! 멀리 달아나는
무지개빛 음식들아!
매콤달콤 새콤달콤
침 넘어가는 소리
불맛 손맛 그리운 입맛
돌아와 다오 제발
망망대해 방방곡곡
꼬불꼬불 골목길
바람타고 낙엽따라
자전거 싱싱카타고
아이들 웃음소리
들리는 우리집으로

아빠(가장)의 하루

비바람 휘몰아치는 이른 새벽에
부시시한 모습으로 달려 갑니다
출근하기 싫어 싫어 망설이다가
빗방울 오색풍선 두리두둥실
미소 짓는 가족사진 잡으러 갑니다

붐비는 지하철 피해 보려고
타조처럼 성큼성큼 달려 보건만
아뿔사! 발스텝이 엉겨버려
식은땀 줄줄줄 갈지자 걸음
한발짝 늦춰 잠깐! 5초만

누가 언니인고

사직단 단 둘레를 돌고 돌아
동서남북 나무틀 사이로 잔디가 파릇파릇
우연히 눈에 띄는 돌화단
같은 날 같은 흙에 태어 났건만
하나는 파릇파릇 윤기가 흐르고
하나는 누릿누릿 쓰러질듯
언니 오빠가 작을 수도
동생이 더 클수도 있는데
꽃도 언니 오빠 동생이 있으려나
키크고 심심하니 네가 언니
키작고 누릿누릿 너는 동생
누릿누릿 작은 네가 언니인가봐
기다란 꽃대가 쑥쑥 고개 내밀고
키크고 싱싱한 너는 꽃대가 어디갔나
이십여일이 지났건만 보이지 않는 키 큰 꽃 화초

3번의 눈물

어둠속을 헤엄치다 자그마한 구멍에서 손짓하는
밝은 빛을 향해 큰 울음을 터뜨리며 세상을 맞이한다
작은 세상에서 큰 세상으로 왔으니 무언가 행복한
일만 있을 것 같고 꿈도 꿀수 있어 행복했다
그래 세상에 나오길 잘했어 온갖 축복속에도 잠시
시간이 흘러 어른이 되니 행복한 일만 있는 것이 아닌
세상살이 아빠의 책임 자식의 의무
나 자신의 행복이 왜 그리 힘들고 슬프고 괴롭고 외
로운지...

육신의 무게가 무거운가 아니면 지나간 세월이 허무한가
후회의 눈물인가 아픔의 눈물인가
하늘나라 자연으로 돌아가기 싫어서인가
누워서 하염없이 빛을 쫓아

세번째 눈물을 흘리며 사라진다
무지개 빛을 하고 어딘가로....

네개의 액자 구름

새벽까지 장마가 계속된다고 하더니 잠시 소강상태
하늘이 동서남은 맑은 구름, 북쪽은 회색 구름
모자쓰기 싫어, 혹시 뉴스가 맞을거 같아
노란 우산을 쓰고 양산 삼아
새벽 산책을 하던 중 세찬 바람이 불어
우산이 날아가려고 해서 꼭 잡으려고 하다가 올려다 본 하늘,
쪽빛 빗살처럼 아름다워 남쪽하늘을 올려다 본 순간,
제주도의 한라산 백록담처럼 생긴
파아란 구름 그 빛에 빨려 들거 같은 기분,
그래서 옆 동쪽으로 고개를 돌리니,
광화문 지하 광장에서 본 대리석 같은 구름,
홀린듯 빙글빙글 돌다가
북쪽 하늘을 본 순간 비둘기 날개처럼 회색 구름 너

무 신기해서,

사방을 빙글빙글 어린아이처럼 돌다가

4개의 액자를 눈에 담고 놀다가, 소나기가 오면 어쩌나 놀다

이상한 여자처럼 노란 우산을 빙글 빙글 돌려쓰고

종종걸음으로 집으로 향한다. 상쾌하고 기분이 좋다.

1. 홍제천 산책길

 장미 터널을 지나 홍제천 산책길을 발걸음 가볍게 사뿐 사뿐 걸어본다.
 한달 전 튀어나온 보도블럭에 엄지 발톱이 걸려 좌, 우 무릎 왼쪽 손바닥이 타박상을 입고 상처가 거의 아물었는데도 아프다! 순간 화가 치밀어 올랐다.
 아! 원망하지 말자 마음을 다스려본다 이 얼마나 다행인가…
 소나기 온다고 해서 오른손에는 우산을 지팡이 삼아 짚고 갔는데 우산이 완충제 역할을 해서 얼굴과 이빨, 코가 다치지 않아서 모든 신께 감사드린다.
 천천히 걷기 운동도 할 겸 콧노래도 부르며 오랜만에 여유를 가져본다.
 무심코 내려다 본 실개천에 반짝 반짝 물이 빛나며 팽이가 돌아가듯 물 동그라미가 그려진다. 발걸음 멈추고 자세히 한참을 보니 물고기가 떼를 지어 놀고 있었다.

 힘차게 춤을 추듯 물고기의 춤사위에 넋을 놓고 내 마음도 나비처럼 춤을 추고 있었다. 또 발걸음도 가볍게 걷다 보니 개천가의 이름 모를 꽃과 풀들이 바람에 춤을 추듯 손을 흔들며 유혹하고 있었다. 그래 쉬었다 가자! 누군들 무어라 하겠는가! 그때 천둥오리 세 마리가 물살을 거슬러 올라가려다 미끄러지기를 여러 번 하길래 쳇! 지가 뭐 연어인가 나도 모르게 콧웃음이 나왔다. 갑자기 물고기가 안보여서 그러면 그렇지 포기했나 했더니 아! 이게 웬일인가 물줄기가 약한 풀숲 가장자리로 돌아서서 힘겹게 올라가고 있었다.

 한 마리가 조금 후에 또 한 마리가 또 한 마리가…

 7전 8기 이 얼마나 경이로운 일인가 감탄하고 있을 즈음 개천 가장자리에 며칠 전 폭우에 휩쓸려 뿌리만 바닥에 깊게 박고 안간힘을 쏟으며 길게 누워 버렸다. 우주 만물이 이렇게 모진 비바람도 이겨내는데 내 이런 작은 고난을 이겨내지 못할 쏘냐 조금 당기고 발가락이 빠지려고 (발톱) 힘차게 다시 걷는다. 너희들에게 지지 않으려고 애써 (억지 웃음 지으며) 태연한 척 걷는다. 걷다 보니 개천가 언덕 위에 코스모스도 한들한들 반기고 고추 잠자리도 빙빙 돌면서 나 잡아보라고 원을 그리며 날아간다 나도 하늘 높이 내일을 향해 달려 볼까나─.

2. 올림픽

  어린 동생을 뒤로 하고 호랑이 같은 엄마 피해 감자 하나 집어 들고 입속으로 쏙 (핸드볼)
  온 동네 잔치하는 돼지고기 먹고 오줌보 차며 놀던 때 꾹물 흐르던 아이들 (축구)
  나무 깍아 만든 새총으로 참새 잡아 간식 먹던 개구장이들 (양궁)
  웅덩이 파서 긴 막대기로 작은 막대 벌리 날려보내기 자치기 놀이 (야구)
  사뿐사뿐 날아올라 고무줄 위 아래로 넘나들며 어여쁜 나비들 (체조)
  부러워 숨어 망보다 고무줄 끊어 달아나던 심술쟁이 아이들 (계주)
  우리들의 추억 어린 놀이들이 모두 올림픽인걸 왜 몰랐을까

§=74

체육시간 줄어들고 국,영,수 입시 공부하다 보니 체력이 많이 약해졌나 봐

그래도 잘 했어요 우리 대한민국 용사들 내일이 있잖아요

힘내고 열심히 연습해서 자랑스런 대한민국 빛내 보자!

3. 코로나

반짝 반짝 쓸고 닦고 훔치고 깔끔쟁이 지인
유난 떤다고 놀려 대며 오던 복도 달아난다고
만나면 핀잔을 주었는데 코로나 그 친구가 친구가 되었네
알레르기 있다고 무섭다고 피하고 안심했건만
거리두기 마스크 왼손 오른손 거품내도 빡빡 문질렀건만
코로나 그 친구는 무엇이 무서운걸까
독감 폐렴 주사는 여유없어 못 맞았나
코로나 주사는 다 맞혀주니 귀찮고 싫어도 맞읍시다
걸려서 고생하지 말고 질서 잘 지키는 친구들 안심할 수 있게
꼭! 꼭! 맞아서 이겨냅시다 코로나 양털구름 타고 포근히 잠들기를!

§=76

4. 행운의 전도사

 가을 장마 빗줄기에 웬 여인이 비를 맞으며 무언가를 찾고 있었다.
 천천히 걷다가 걸을 멈추고 말을 건넨다 무엇을 찾고 계시나요?
 곤충학자이신가 — 한참만에 빙그레 웃으며 아주 작은 네잎 클로버를 보여준다.
 너무 작고 앙증 맞은게 네잎클로버 맞나 조심스럽게 바라본다.
 그 여인의 얼굴을 쳐다보며 조심스럽게 말을 건넨다 감기 드시면 어쩌려고
 그것을 어떻게 찾아냈냐고 하면서 강한 빗줄기에 젖은 자그마한 클로버를 무심코 손바닥에 받으며 그 여인의 빗방울로 얼룩진 얼굴을 쳐다본다.
 볕이 좋아 어쩌다가 토끼풀 근처를 행운을 찾겠다고

헤맨 적이 있었다.

  가끔은 팔찌도 만들어 보고 반지도 만들어보고 언젠가는 꽃 화환도 만든 적이 있었다. 신기해 하는 나를 쳐다보더니 핸드폰에 찍어 놓은 여러 종류의 클로버를 보여준다. 깜짝 놀랐다 한잎 - (희망), 두잎 - (불행), 세잎 - (사랑), 네잎 - (행운), 다섯잎 - (화목), 여섯잎 - ( ), 일곱잎 - ( ), 순간 2잎짜리가 불행이라고 하는데 기분이 좋지 않았다 다른 이름 없을까 ― 생각하다가 소원! 그래 나는 소원이라고 불러주자 그랬더니 기분이 조금 풀렸다 돌아서 오려고 하니 코팅해 놓은 네잎클로버를 내게 주면서 전화기 뒤에 붙이고 다니라고 조금 전에 찾은 앙증맞은 클로버랑 건네 준다 망설이니까 그 여인은 다른 사람보다 잘 찾는다고 많아서 지인들한테 나누어 준다고 한다 손등에 붕대를 하고 있었다. 그 여인이 하는 말 산책하다가 튀어나온 철망에 걸려 무릎 허리금이 가서 병원에서 있다가 폐에 이상이 생기고 손등에 반점이 생겨 조직 검사하고 기다리는 중이란다 그런데 너무 평온해서 환자 같지 않았다 네잎클로버를 잘 찾아서 나주어 주어서 그런가… 행운의 전도사네요 했더니 지인들도 그렇게 부른단다 나도 산책하다가 엄지 발톱이 보도블럭에 걸려 양쪽 무릎 왼손바닥 오른손은 우산을 지팡이 삼아 걷다가 완충제 역할을 하여 얼굴 안면, 이가 나가지 않아 천만다행이라고 했더니 "조심하세요" 하면서 위로해 주는데 천진난만한 아이처럼 천사의 얼굴로 보였다. '나도 그 여인처럼 행운의 전도사가 되었으면 좋겠다' 생각하면서 조금 아프지만 참고 웃으며 행복하게 걸어 보련다. 천사 같은 얼굴이 되어 보련다 우산속에서 빙그레 웃으며 누가 보면 맞이 갔다고 생각하겠네… 그래도 행복하다 누군가 뭐라 한들 어떠리 행운의 전도사인데…

5. 면회

　새벽 산책을 나가려고 문을 열고 나섰다. 아니! 이 새벽에 웬 택배인가 연락도 없이 문밖에 두고 갔을까 이름만 확인하고 무엇인지 모른채 뜯어보니 반건시 홍시가 아닌가! 둘째 손주가 면회 가는 날 아침에 홍시를 보내다니 반갑고 놀라서 식구들을 깨우니 큰손주가 잠결에 하는 말 깜짝 이벤트라네요… 너무 고맙고 행복해서 기특해서 눈물이 나려고 한다. 면회 간다고 잠을 설쳐 피곤해서 갈까 말까 했는데 발걸음 가벼웁게 나선다. 하늘이 맑게 개어 푸르른 바다에 풍덩 빠져 버리고 싶은 파란 하늘을 보며 어릴 적 가을 운동회가 생각난다. 아침부터 가을 소풍을 가듯 간단한 도시락 배달 음식 검색하는 등 분주히 챙기는 가족들을 보면서 조금은 설렌다.
　남편이 마른 재채기를 하길래 감기 기운이 있으면 갈 수 없다고 하니까 아니야 갑자기 알레르기 재채기야 하여 깔깔깔…

 남편도 내색은 안 했지만 들뜬 것 같았다. 늙으면 애가 된다고 하더니…

 코로나가 한편으로는 얄밉고 한편으로 그리운 추억으로 갈수 있어서 고맙다고 해야하나… 분수대 앞 벤치에 자리를 잡고 도시락을 먹으며 국물 있는 음식도 배달시켜서 먹으며 이야기 꽃을 피운다.

 그것도 잠시 앵~앵~앵~ 모기들이 샘이 났나 배가 고팠나 친구하자고 같이 먹자고 달려들어 앉아 있을 수가 없었다. 아쉬운 면회를 끝내고 다음을 기약하고 일어섰다. 섭섭해 하는 손자를 뒤로하고 아쉬운 면회를 끝내고 다음을 기약하고 일어섰다.

 아쉬운 작별을 하고 돌아오는 길에 바다보다 더 파랗던 하늘마저 슬퍼하는가 미세먼지인지 비가 쏟아질 것 같은 하늘을 바라보며 지친 마음으로 집을 향한다.

 "그래도 큰 손주 녀석은 군대 얘기하면 강원도 쪽 쳐다보기도 싫다더니 연병장 가장자리에 펄럭이는 깃발을 보고 근무했던 대대 깃발 앞에서 사진을 찍어 달랜다. 그래도 조금이라도 추억이 있나보다 그 많은 깃발 중에서 자기 대대 깃발을 찾아내다니 대단하다 남자들은 나이 들면 군생활을 부풀려 가면서 얘기 꽃을 밤새도록 한다더니…"

 외롭고 힘들겠지만 나라를 다스리는 대통령이나 가정을 지키는 부모님이나 지도자가 되려는 나 자신을 위해 체력, 정신력, 지혜를 잘 관리해서 견디길 바라면서 더 힘든 사람들도 많이 많이 있다는 것을 잊지 말고 험난하고 외로운 긴 터널을 지나가주길!

 코로나! 멀리 멀리 떠나가 주길! 다음에는 면회 말고 외박 외출 기대하면서 고맙고 사랑한다!

6. 오얏나무 침대

"색동 저고리에 연분홍치마 입고 사랑방에서 천자문 읽고 있는데 담너머에서 들리는 깔깔깔 까르르 까르르 소리에 할아버지 코끝에 귀를 기울이나 싶더니 방문을 소리없이 숨을 죽이고 열고 몰래 빠져 나와 사립문으로 가지 않고 뒤뜰 오얏나무로 원숭이처럼 올라가 쳐다보니 아이들은 이미 사라지고 까만 점만 멀리서 보일 듯 말듯 소리마저 메아리처럼 사라져간다.

부러워 울다가 오얏나무 위에서 잠이 들었나 보다 천둥번개 같은 할아버지의 헛기침 소리에 놀라서 나무에서 쿵! 어! 안아프네!

밑에 멍석을 깔고 볏짚을 깔아 놓았다. 할아범이 찾다가 잠든 나를 발견하고 그랬다고 한다. 할아버지 뒤 따르며 할아범을 향해 입을 삐죽거리고 눈을 흘기고 주먹으로 겁을 준다. 할아범이 고개를 돌리는 순간 할아버지

의 다정한 말씀 다치지 않아서 다행이다

 그 한마디에 앞으로 쪼르르 달려간다. 순간 할머니가 보였다 광 앞에 곳간 열쇠를 열고 계셨다. 광은 도깨비 방처럼 일년 내내 꿀, 조청, 떡, 약과 등등… 떨어진 적이 없었다. 그래서 치아가 안좋은 건지… 그런데 냉장고가 없었는데 상한적이 없는 것 같았다. 그리움에 잠시 눈시울이 붉어진다

 눈을 감고 고향의 봄 노래를 흥얼거린다. 머리위로 오얏꽃잎이 나비처럼 날아다니다 추억을 간직하고 행복하게 살아야지 우울했던 마음도 바람, 구름따라 멀리 멀리 날려 보내야지 은행나무 침대는 아시겠지만 오얏나무 침대는 모르시죠. 나만이 알아요 영원히 간직할게요

 다시 힘차게 앞으로 앞으로!

7. 가을여행

오랜만에 설레는 여행

연휴가 겹쳐 거북이 운행

어느새 지쳐 투덜투덜

졸음쉼터 휴게소 오르락 내리락

힘들어도 억지춘향 기분 살려볼까나

하루하루 다르다더니 한달 이르다고

단풍손님이 오시지 않았네

호랑이가 무섭다고 곶감도 아니오고

휘이~ 내장산 한눈에 담고

썰렁하고 한산한 내장산 뒤로 하고

전복장 냄새나는 맛집으로 갈까나

추억이 묻어나는 가래떡 조청

가마솥 쌍화차 골목으로

이야기 꽃 피우러 가자구요

때마침 반겨주는 풍물놀이패

동양에서 제일 크다는 출렁다리

아스라이 도는 둘레길도

밤에 피는 불꽃도 아쉬워라

동학사 돌고 돌아가면서 올려다만 보고

갑사 대웅전 앞에서 풍경소리 들으며

잠시 속세의 죄를 더듬어 본다

푸르른 솔향기에 가슴속 찌꺼기 걸러내고

지긋이 눈 감고 세상 죄 날려 보내자

예언가, 굿마을, 집성촌 지나

대둔산 케이블카 타러 신나게

꼬불꼬불 길게 늘어선 줄

보았노라 왔노라 탔노라 돌아가겠노라

힘들고 지치고 내일을 위해서 되돌아 가련다

노새 노새 젊어서 노새 노래가사가 마을 울린다

일, 여행, 다 젊어서 해야겠네

자식 보험, 연금 보험 들던가 무자식이 상팔자라 하는데

§=86

여행에 지치고 머릿속도 어질어질

어느 것이 정답일까요

8. 나머지 인생

심술난 가을 바람 나뭇잎과 힘 겨루기 한다
나뭇가지 부여잡고 대롱대롱 약 올린다
내일 제일 예쁘다고 자랑하던 이름 모를 들꽃들
내가 졌소 바닥에 엎드려 흐느적 흐느적
푸릇푸릇 생생하던 울창한 보이지 않던 바닥
휑하니 드러나니 스산하고 쓸쓸하구나
검은 머리 팔팔했던 작은 체구 쌩쌩하던 다리
어느새 정수리도 텅텅 주변머리도 몇 가락 보일락 말락
풋풋했던 어린 시절 세월이 빼앗아 가고
하얀 눈송이 맞아주듯 백발머리 반갑게 맞아들이네
자연이나 인생이 어찌 그리 닮았는가
초생달 같은 미소가 얼굴에 팔자주름을 만드는가
오는 세월 막을 수 없고 불어오는 가을 바람도 막을 수 없구나

§=88

지나온 세월 거슬러 올라가 보니 괜찮은 추억하나 만들지 못했구나

들풀꽃 나뭇가지 잎들 조금 있으면 강남제비와 함께 오겠지

나의 인생은 전생 현생 덧없이 흘러가고 후생이 남았으니 "그 사람 참 괜찮았었어!"

이름 석자 남기지 못했지만 기억에 남는 추억 하나라고 남겨야지 다짐하며

바람에 날 일 머리카락도 없지만 빗으로 연신 빗어본다

쓸쓸한 웃음지으며 다시 힘차게 멋지게 걸어 보련다

나머지 인생이라고 멋진 무지개 꿈을 그리며 앞으로 앞으로!

9. 나그네와 나뭇잎

 한 나그네가 바람을 맞으며 오솔길을 터벅터벅 걷고 있다.

 오솔길 바닥에 널브러져 있는 가랑잎을 밟으며 중얼중얼 흥얼흥얼

 널브러져 있던 가랑잎도 그 마음을 알까 밟히는 대로 꿈틀 꿈틀 소리 한번 내지 않는다. 그래 내가 그 마음 알지 나도 세찬 비바람 무더위 다 견디고 녹색치마 버리고 고운 치마 입었건만 힘든 세월 못 견디고 나그네 발걸음 반겨주고 있는 거라오.

 그러나 할 일 하나 더 있지 발가벗은 나무 밑거름 되어 다음해 희망 넘치는 초록잎으로 다시 만나세 하면서 누워 잠잔다.

 남은 잎새마저 매서운 바람 견디지 못해 가랑잎으로 데그르 뱅글 데그르 뱅글 얼싸 안고 오솔길 수 놓으며

나그네 기다린다.

  나그네 한손으로 모자 누르고 한손은 주머니에 넣고 옷깃을 꽉 부여 잡으며 쿵쿵쿵 바스락 바스락 세월을 잡으려는 듯 쓰러질 듯 걸어가고 있네.

  구부정한 뒷 모습이 왜이리 쓸쓸해 보이는지—

  행복한 가정 꾸미느라고 진이 다 빠진듯 휘청거리면서 발걸음을 재촉한다.

  따뜻하고 즐거운 나의 집을 향하여 미소 지으며…

  가랑잎! 너는 나무를 위해 걸음이 되고 나는 사랑하는 가족을 위하여

  내일을 생각하며 뚜벅 뚜벅 뚜벅 뚜벅 바스락 바스락…

10. 만보걷기

  나갈까 말까 망설이다가 오후 늦게 걷기에 나섰다.
  휘굽어진 좁은 골목길로 들어섰다.
  나뭇잎이 바닥에 뒹굴고 있었고 밟으며 걷다가 신발 끝으로 살짝 날려본다.
  유난히 빨갛게 물든 어여쁜 나뭇잎이 눈길을 끈다.
  엄지 검지 손가락으로 정성스럽게 손바닥에 올려 놓으며 우리 아이들 초등학교 때 나뭇잎 주워오기가 생각났다.
  무엇을 만들까 고민하며 은행잎 풀잎 꽃잎파리까지 주우면서 나비, 눈사람, 자동차, 집 등등 머릿속에 그리며 이리저리 헤매면서 시간 가는 줄 모르고 깔깔대던 그 시절이 새삼 그리워진다.
  생각난 김에 하늘도 올려다 보고 허수아비처럼 양팔을 벌리고 깊은 숨을 들이 마시며 동서남북 사방을 휘~ 둘러본다.

§=92

오랜만에 느껴보는 행복이다.

삶에 지쳐 맑은 공기 파아란 하늘 무지개 단풍잎들은 만나본지가 언제인가―

또 흘러가는 구름 따라 지나간 추억을 회상해 본다.

세 아이들 안고 업고 걸리고 김밥에 그림도구까지 챙겨 신문지 몇장까지 챙겨서 창경원으로 나들이를 갔다 식물원 동물원 구경하고 나무그늘 밑에 자리를 잡았다.

김밥 먹으며 그림도 그리고 쉬고 있는데 톡! 톡! 밤톨이 데구르르

야들아! 알밤이네! 다람쥐 놀이하자 그리던 그림 팽개치고 넘어지고

미끌어지고 밤 줍던 기억이 새롭다 그때는 젊어서 힘든 줄 몰랐는데…

이제 만보걷기도 힘이 들어 긴 의자에 걸터앉아 지나간 추억에 행복의 미소를 지어본다. 어느새 어둠이 깔려 저녁바람에 몸을 움츠리며 따뜻한 보금자리로 돌아가야지… 지금 이 정도도 행복해 하며 열심히 만보걷기해서

그 누구에게도 신세지지 않는 삶이 되도록 건강을 지켜야지 다짐하며 집으로 돌아간다.

11. 김장이야기

 에구구 탁! 에구구 탁! 괭이가 하늘에서 춤추며 내려온다
 흙 바닥이 쩍 갈라지며 아프다고 아우성 아우성 아우성!
 삽자루 움켜잡고 콱 콱 흙바람이 시원하다고 춤추며 날린다
 도랑을 만들고 둔 턱을 만들어 멋진 채소집을 만든다
 물주고 거름 주고 질기고 질긴 잡초뿌리 제거하고 어여쁜 열매 달라고
 무더위 가뭄에 온갖 정성 들여 아기 다루듯 정성을 다 한다
 잘 가꾸어진 무우, 갓, 쪽 파 등 정성들여 다듬고 나르고 배추 밑동 자르고
 배추가 무서워하는 간수 뺀 소금으로 잠을 재운다
 잠을 잘 주무시나 놀라 깨어나지 않을까 들락 날락 자꾸자꾸 들여다 본다
 사과 배 다시마 양파 북어머리 감자 등등 한데 모여 뱅

뱅 돌며 바글바글
 통통통 튀며 온 몸을 녹여 쥐어짜며 맛있는 육수 음—
 고이 잠든 배추를 흐르는 물에 살랑살랑 깨우며 목욕시킨다
 이야기 꽃 피우며 밤새 썰어 놓은 모든 야채를 한집에 불러모아
 다칠세라 조심스럽게 강강수월래 강강수월래 ~
 마지막 갖은 양념 젓갈류 제일 중요한 새 빨간 고추가루도 뱅뱅뱅
 치마속 헤집듯 한켜 한켜 골고루 잘 버무려진 소를 넣고 속대 하나 찢어서
 양념 얹어 먹으며 보쌈을 떠 올리며 손이 바쁘다
 아! 다 되었구나 이뿔사! 다리가 풀리고 비틀거린다
 날아다니던 보쌈이 맛이 있는지 없는지 알수가 없구나 꿈만 같다
 끙끙끙 아구구 아구구 온몸이 말을 듣질 않네 잠을 설쳤다
 어르신들 말씀이 겨울이면 쌀 연탄 김치해 놓으면 한

시름 놓으셨다고 하시더니
  이렇게 힘이 들 줄 몰랐다 다시는 담그나봐—
  해마다 일년 내내 온갖 김치 담가다 준 동서에게 미안하고 감사하다
  담가다 준 김치 받아만 먹으면서 고맙단 말 한마디 한 적이 없었으니 미안!
  먹으면서 짜니 맵니 투정을 부린게 얼마나 미안하던지 칠십이 넘어서야
  철이 드나 보다 이제는 감사하며 한조각 한조각 먹을 때마다 맛있게 먹어야 겠다고
  다짐하면서 행복한 꿈을 꾸러 가야지—

12. 돌들의 이야기

　끙끙 낑낑 뒷짐을 지고 한발한발 내 딛는다.
　작은 돌멩이 하나가 길을 방해한다.
　발로 차 버릴까 하다가 어디선가 언제인가 들은 이야기가 갑자기 떠 오른다.
　작업복에 주머니가 많은 이유에 "돌, 유리조각 등 아이들 다치지 말라고 주워 주머니에 넣으라고" 들은 기억이 생각났다.
　돌 조각을 주워서 두리번 두리면 거리며 걷다가 작은 돌탑이 보였다.
　아! 나도 소원을 빌어 볼까 남들이 해놓은 위에 올려 놓으려다가
　실패하고 한쪽 귀퉁이에 별도로 올려 놓고 사는 날까지 "건강 지켜주소서" "아이 쑥스러워라" 그래도 어디서 기운을 받았는지 기분 탓인지 콧노래까지 부르며 가볍

게 걷는다. 그도 잠시 웬 초등생 2명이 자기 머리통만한 돌을 머리 위로 치켜든다.

 순간! 돌이 획~ 하늘 높이 날아 나의 눈도 돌아 따라 쫓아 가다가 멈추는 순간 탁탁 때때굴 첨벙 물길이 갈라지며 물방울이 튕긴다.

 얘들아! 어디다 돌을 던지는 거야! 소리를 엉겁결에 지르고 쳐다보다가 소리가 너무 커서 미안해 하려는 순간 그 아이의 말에 깜짝 놀랐다.

 "돌 다리도 두르려 보라고 해서 던졌는데요?"

 한동안 한대 맞은것처럼 멍했다 그 뜻이 아니라고 불러서 얘기를 해 주려고 했는데 그 사이에 사라졌다. 두리번 두리번 찾다가 쓴 웃음

 헛웃음만 지으며 서 있다가 돌 덩어리 떨어지는 소리가 귓가에서 떠나질 않고 계속 들려오고 나의 가슴에서는 헛웃음소리가 메아리쳐 들려오고 나의 발걸음은 무겁기만 하고 머릿속은 복잡하여 얼마 걷지도 못했는데 피곤하다. 돌 떨어진 곳을 바라다 보니 정말로 난간 너

머로 흐르는 개천 위로 상징적으로 만들어 놓은 돌다리가 있었다 물소리만 들었지 난간 옆에는 왜 쳐다보지 못했는지… 누가 잡으러 오는 것도 아닌데

 이제는 한 발작씩 늦더라고 주위의 풍경을 둘러봐야겠다고 생각하면서 피곤한 몸을 간신히 버티며 내려오고 있다.

§=100

13. 만보걷기 II

　망설이시는군요!

　이 생에 미련이 많은가 봐요!

　돌틈 나뭇가지 뒤에 숨어서 바들 바들 떨면서 마지막 빛을 발하는군요.

　무슨 할 말이 있는 듯 방긋방긋 웃으며 손짓하며 날 부르네요.

　아주 자그마한 나팔 꽃! 앙증맞은 꽃!

　너무나 놀라 나도 모르게 손으로 꺽으려다 내일 또 만나요 안녕!

　다음날 일찍 올라가서 어! 두리번 두리번 찾다가 내가 꿈을 꾸었나

　하는 순간 입을 오므린 채 바들바들 떨고 있었다 이제 미련 버리고 가려고요.

　그래 잘 가거라! 이제는 보내 줘야지! 다음에 만나요!

갑자기 한장면 떠 오르네요 병실 앞에 조조하게 떨고 있는 가족들

아무것도 모른채 잠자는듯 하다가 몸서리 치다가 괴로운 듯 이승의 모든 괴로움을 떨쳐 버리려는 듯 아니 누군가를 만나보고 싶은 듯 한참을 헤매다 고요히 깊은 잠에 빠져버리는 그 장면!

순간 나의 앞날이 걱정이 되었다

산소 호흡기는 하지 말아야지 조만간 신청을 해야겠다 다짐하면서 뒷동산을 터벅터벅 내려오다가 찔끔 찔끔 눈물을 찍어내며 걸어본다.

하는 일 없이 밥 세 끼 챙겨먹고 잠만 자는 내가 한심해 보인다.

바쁘게 사느라 갱년기는 언제 지나 갔는지 모르겠고 우울증인가 생각하니 치매 올까봐 걱정이 되며 하염없이 눈물이 흐른다.

기다리지 않아도 찾아오는 온갖 병마 막을 수 없으니 내 생명이 붙어 있는 한 병원을 친구 삼아 친해져야겠다

고 생각하며 심신건강을 위해 매일 매일 걷기라도 열심히 해야지…

14. 보호막

무릎에 허리에 통증이 있었지만
며칠 전부터 발목이 발목을 잡네
만보 채우려고 안간힘을 쓰건만
그래도 용기내어 하늘이라도 보고 오자
실타래 엮어 만든 멍석의 오르막길 조심조심
상쾌하게 졸졸졸 흐르는 시냇물 소리
온갖 새소리 들으며 숨을 크게 들이마시며
고래를 빙 돌려 동서남북 돌아보다
눈에 막 마주친 아기 버들 강아지
보드라운 솜털 위에 보호막 껍질 하나
앙증맞은 야구모자 귀엽기도 하여라
문득 신비로운 하나님의 솜씨가 놀랍구나
물고기들은 비늘이 보호하고 파충류는 돌 같은 껍질로
온갖 새들은 길고 짧은 깃털로

§=104

나무들도 나무껍질이 보호 하도록 한 가지씩 주었지만
그래도 인간에게는 털과 보호막 각질을 주셨는데
그 각질을 빡빡 문질러 상처를 주니 참으로 한심하다
하나님께 늘 감사하고 소중히 다뤄서 행복하게 살아갔
으면

15. 애완견주님께

 길고 긴 겨울 가뭄 끝에 산불마저 할퀴고 지나간 금수강산에 기다리고 기다리던 봄비가 꽃사신을 몰고 올려는가 바람마저 강하게 불어오고 있었다. 빗님이 7일만 일찍 오셨더라면 아름다운 금수강산을 조금이나마 잿더미로 만들지 않았을 텐데 아쉬움마저 들다가도 그래도 풍년 기원하는 고마운 비를 주시니 10년만 젊었어도 고마운 비를 맞으며 걷고 싶었지만 커다란 우산을 챙겨 들고 질척거리는 빗길을 한발 한발 내디디며 조심스럽게 좌,우도 둘러보며 산책을 나선다.

 한참 걷다보니 공원 옆에 낙엽이 빗줄기에 놀라 움찔움찔하는데 자세히 보니 사이사이로 어린 쑥이 쑥쑥 올라오고 이름 모를 잎들도 송곳처럼 뾰족뾰족 올라오고 있었다. 무심코 하늘을 올려다보니 조그마한 나뭇가지에 좁쌀만한 연두빛 싹이 둥글 둥글게 올라오는데 얼마나 앙증맞은지 나도 모르게 자세히 들여다 보니 연꽃모양의 연등이 달려 있는듯 석가탄신일이 떠 올랐다. 또 그 옆 가지에는 이름 모를 갈색의 꽃인지 잎인지 뾰족뾰족 그 옆에는 내가 알고 있는 개나리꽃이 노르스름하게 뾰족하게 올라오고 그 옆 큰 나무는 샛노란 꽃이 흡사 조그마한 팝콘을 모아 꽃다발을 만든 듯 여러 송이의 꽃다발이 흔들거리며 유혹하고 있었다.

 이 모든 것이 얼마나 귀엽고 싱그러운지 한참을 상상하며 들떠 있다가 바람에 지지 않으려고 우산대를 꼭 잡고 날아 갈까 봐 손목이 아프도록 몸을 숙여 버티고 있는데 탁! 무엇인가 날아와 깜짝 놀라보니 개 배설물 봉지였다.

 배설물 봉지를 가지고 다니거나, 공중화장실에 버리는 그나마 양심있는 사람들도 있었지만 산책길에 치우지 않은 배설물을 밟은 적이 있고 숲 속에 던져 놓은 사람 숲 속에 버리려다 나뭇가지에 대롱대롱 매달려 있는 배설물 봉투 …

공교롭게도 오늘 나뭇가지에 대롱대롱 걸렸던 배설물 봉투가 강한 바람에 내 우산 위로 날아 오다니 웃음도 나도 화도 나고 엉뚱한 생각도 하고… (복권을 사야 하나!)

 오늘은 영 좋지 않은 날이다 가던 길을 뒤돌아 내려가야지…

 모든 잡념을 잊어버리고 빗물아! 바람아! 나쁜 기분을 함께 데려가다오!

 애완견주님들 애완견 사랑하는 만큼 이웃 사람들도 배려해 주세요…

16. 시간여행

 추운 겨울 끝자락 터질 것 같은 꽃봉우리
 어느새 꽃나비 되어 봄바람에 꽃송이 날리어
 꽃나비 여름소식 전하러 떠나고 꽃나비 떠난자리 나그네 쉼터 둥지 틀고
 파릇파릇 상큼한 방석 틀고 기다리네
 꽃나비 떠난 자리 나는 넓적한 돌 위에 가부좌 틀고 지그시 눈을 감고
 "파릇 파릇 방석을 타고 하이얀 뭉게 구름 위에서 원을 그리며 날고 있네
 금빛 찬란한 단풍잎 마차를 타고 호랑나비 날아오더니 어느새 하이얀 눈마차 타고 심술쟁이 동장군이 나타나 나의 발걸음을 재촉한다"
 깜짝 놀라 엉덩이 탁탁 털고 일어나 꿈속 인 듯 사실 인 듯 사계절 지났건만

이것이 꼭 내 인생인 것 같아 백발 흩날리며 시린 뼈 속 감추며 무릎, 다리, 발,

오장육부가 다 아프지만 꽃송이 즈려 밟고 한 발 한 발 내딛으며 참 세월 빠르구나 속으로 중얼거리며 내 삶도 그렇게 바람도 멈추고 세월도 멈추었으면…

17. 꽃 향기에 영혼을 실어 (2022.5.11)

오늘은 삼오제날이다.

밤을 새운 것도 아닌데 산소에 다녀온 후 피곤이 밀려왔다.

그래서 동생들의 배려로 산소에 가지 않고 어제 쉬고 오늘은 뒷동산으로 운동 삼아 머리도 식힐 겸 올라와 긴 의자에 두 다리를 쭉— 뻗고 두 눈을 감고 잠시 쉬어 본다. 순간! 획— 획— 내 귓가를 바람이 간지럽히고 아카시아 꽃 향기가 콧속으로 들어와 내 몸이 향기에 취해 몽롱해 진다.

문득! 입관하는 모습이 한편의 영화처럼 아른거린다…
뻣뻣하게 굳어 있을 줄만 알았는데 순간 놀라웠다.

잠자는 공주처럼 평온하고 얼마나 부드러운지…

어차피 흙으로 갈 인생 돈을 떠나 관을 생략하려고 했는데…

몇 년 더 걸리더라도 소나무 침대 하길 잘 했다는 생각이 든다.

한지로 만든 하얀 꽃송이에 한지 연분홍 댕기로 수의 옷 위에 꽃상여처럼 꾸몄다.

그때의 그 향기가 아카시아 꽃 향기와 너무나 비슷하다.

한참 동안 향기를 음미하며 여행 좋아하셨으니 가지고 싶은 곳으로

아픔, 아쉬움, 미련 모두 잊으시고…

꽃 향기 나는 인공위성에 자유로운 혼을 실어 세계일주 하시며 행복하시길…!

§=112

18. 무무대

파아란 하늘 향기로운 바람 맞으며 무무대로…
청와대, 남산타워, 북악산 등등… 전경을 보러 올라왔다.
커다란 액자에 가두어 놓은 풍경화처럼 동, 서, 남, 북 사계절 다른 액자 틀을 생각하며 바라보고 있는데 다칠까봐 만들어 놓은 지지대에 헬스장에 온 것인 양 다리 걸고 흔드는 사람, 양팔을 걸고 팔 굽혀 펴기 운동하는 사람…
안돼요! 안돼요! (지하철 문도 기대지 말하고 하지 않았던가…)
들은 척도 하지 않고 계속하신다 바라 보자니 화가 나서 내려오는데…
기분 풀려고 왔다가 마음이 상해서 일찍 내려오다가…
둘레길에 쳐 놓은 지지대에 또 손으로 팔 운동을 하시는 어르신
저! 하지 마세요! 그 할머니 빨리 알아들으시고 미안한

표정을 지으신다.

쌩끗 웃으며 아시죠? 왜 그러는지 말을 남기고 부지런히 내려왔다.

그래도 아까 속상했던 마음이 조금 풀렸다 조금 더 젊은 아저씨는 들은 척도 안했는데 연세가 더 드신 할머니는 미안하다고 말씀까지 해 주시고 웃어 주시지 않았던가 한결 기분이 나아졌다.

조금 전까지 괜히 참견했나 생각했었는데 그래도 말하기를 잘했다고 생각하면서 흥얼흥얼 콧노래 부르며 깃털처럼 가벼운 발걸음을 옮겨본다.

19. 해로운 벌레

무더운 여름만 되면 찾아오는 손님

반기지 않아도 기다리지 않아도

잊지 않고 찾아오는 얄미운 손님

더위를 피해 저녁식후에 걷는 산책

간단한 운동기구에 준비운동하고

발걸음 가볍게 빠르게 걷는다.

얄미운 모기 같이 가자고 앵앵앵

오지마라 손수건으로 휘휘휘

보기의 심술 침이 바지속으로 따끔!

짜증이 나서 일찍 돌아와

빨갛게 부어 오른 곳에 약을 바른다.

따끔거리던 곳이 시원해지니

잠이 솔솔솔…

덥기 전에 꽃, 나무 인사하러 옥상으로
블루베리 두 나무 중 한 나무의 잎이
줄기만 남아있어 자세히 다가가니
유충이 한 마리 떨어져 있어서
나리 꽃잎 떨어진 것으로 짚어 눌러서
밟아버렸다 순간! 반만 남은 잎
꽃잎을 버려야겠다고 마음먹고 가위를 가지러
내려가려다가 엄지 검지 손가락을 대어 떼려다
앗! 따가워! 놀라 씻고 옷도 갈아입고 했는데
계속 따끔거리고 아파서 약사님께 물어보니
약만 바르고 있어도 된다고 하셔서 기다렸는데
계속 5-6시간 정도 아파서 병원에서 약을 지어와서
3일정도까지 아프고 따가웠다 거의 3일 지나갈 무렵
딸이 옥상에 올라갔다가 물렸다고 남은 약 2봉을 먹고
약을 발랐다 올해는 가뭄과 무더위에 유충이 독이 올라
바르는 약도 소용이 없었다 이렇게 무서운 줄 처음 알
았다.

§=116

바깥 산책도 하기 싫어졌다 그래도 걸어야 하는데 나무, 풀 피해서

긴 바지 긴팔 옷을 중무장하고 걷기 싫은 보도블록 위를 걸어야 하는가...!

20. 무궁화 동산

  무궁화동산을 꼬불꼬불 어지럽게 돌때는 새파란 잎만 보였는데
  어린 시절로 돌아가 무궁화 꽃 노래를 부르며 십여 바퀴만 돌아야 겠다고
  마음먹고 무심코 지나친 자그마한 무궁화 나무가 어느새 꽃피울 준비를 하고 있었다. 며칠 후 군데 군데 하나씩 피기 시작하였다.
  옛날 극장에서 영화 시작전 대한— 뉴우스가 울려 퍼지며 애국가가 울려 퍼질 때
  연보라색 무궁화 꽃이 서서히 피어 오르던 장면이 떠올랐다
  그때 그 시절의 꽃이 피겠지하고 무심코 지나던 어느날 군데 군데 하얀색, 연보라색 아니 자주색인가 청색인가... 갑자기 혼란스러웠다.

더위를 피해 가로등을 등지고 피고 늙어서인지 눈도 좋지 않아 잘못 보았나?---

그래서 눈을 비비고 자세히 살펴보다가 고개를 돌리던 순간
작은 팻말이 중간 중간 있어서 읽어보다가 이상한 이름이 있어서
더 자세히 구석 구석 살펴보다가 우연히 마주친 역사(팻말) 게시판이 있었다.
무엇이 바빠 그것도 보지 못했을까 그래도 늦지 않았어 어두워서 잘 보이지도 않고 잘 다르지도 못하는 사진을 서너 번 만에 성공하여 찍어서 집에서 읽어버렸다.

순간! 놀라웠다 종류가 이렇게 많은지--- (약백~ 이백 여종?)

단심계: 꽃의 중심부에 붉은색 단심

배달계: 중심부에 단심 없는 순백색꽃

아사달계: 중심부에 단심 있고 백색의 꽃잎에 붉은 무늬가 있는 꽃

(백단심계, 홍단심계, 자단심계, 청단심계, 배달계, 아사달계)

그러면 대한 뉴우스에서 보고 내 머리 속에 남아있는 무궁화꽃은 아사달계인가--!

겹진 달래 겹벚꽃처럼 겹백색 무궁화도 되어 있었는데

가로등불에 보니 달빛에 물든 새하얀 박꽃이 달덩이처럼 떠 오른다.

오늘 많이 배우고 (생각) 추억에 잠길 수 있어서 참 행복했다.

이제는 한 박자 쉬고 조금 늦더라도

손수건으로 모기를 몰아내며 주위를 더 휘둘러보고 여유 있게 걸어 보인다.

§=120

21. 휴게소 투어인가?

 막내 동생 부부 덕에 평창 알펜시아에 다녀왔다.
 떠나기 전 며칠전부터 걱정이 앞섰다 30여분 간격으로 화장실도 가야하고
 고정자세로 5분이나 십 여 분 이상 앉거나 서는 것을 내 몸이 반기지 않기 때문이다. 이 고통을 그 누가 알랴! 촌스러워서 지하철, 버스타고 다리를 자주 바꿔주고 몸을 뒤척뒤척 흔들 흔들 해야 하는데 승용차는 아무리 좋아도 내 몸에 맞지 않는 것을....
 조바심 내며 기다리던 그날이 가는 날이 장날이라고 늦장마가 너무나 세차게 내려 동생부부의 배려와 운전이 신경이 쓰여 마음이 편치 않았다.
 그래도 휴게소마다 들러 소풍 나온 간식을 먹으며 잠시나마 장마도 잊고 알펜시아에 도착해 늦은 점심을 먹고 구경도 못하고 숙소에 짐을 풀고 나 혼자 탕에서 찜

질을 하고 그래도 비가 그치지 않아 숙소에서 쉬면서 언제 준비해 왔는지 바리바리 싸가지고 온 음식을 맛있게 먹었다. (식당 음식보다 더 진수성찬이었다)

내일은 비가 그쳐 주기를 바라며 잠이 들었다. 아침 일찍 눈을 떠 창밖을 내다보니 얄미운 비는 주륵주륵… 퇴실할 때까지 그치지 않으면 잠만자고 올라가나 했는데 12시경 소강 상태가 되어 차로 스키장을 보러 갔는데 경기할 때 TV로 볼 때는 스릴있고 멋있었는데 실물은 생각보다 썰렁하다.

비가 올까 봐 마음 졸이며 일산호수 공원처럼 인공연못 산책길 (약 1km~) 을 바삐 걷고 사진을 찍었다. 올라오는 길에 절 입구에 있는 나물 정식 연잎밥을 먹고 (그 사이에 비는 그치고) 차가 막힐까 두려워 휴게소 투어를 하듯 먹고 마시며 그래도 비는 더 이상 내리지 않아 다행이었다.

동생이 평창 알펜시아 구경이 아니라 휴게소 투어를 한 것 같다고 해서 함께 소리내어 웃었다.

그래도 힘들지만 좋은 추억을 만들어준 동생부부 (체격, 체구도 작고 잘 먹지도 않는)가 고맙고 안쓰러웠다. 영원히 잊지 못할 여행이었다.

22. 지구를 떠나다오 코로나여

기저질환이 많은 나는 제일 걱정이었다.

일년 전 큰 손주가 걸렸을 때도 식사를 방앞에 챙겨주고 잔 심부름 해도 끄덕 없더니 딸부부가 삼일 전부터 감기 증세가 있어서 검사 했는데 음성이긴 했는데 혹시 몰라 저녁 식사도 안하고 하루 밤 자고 또 검사를 하니 양성이라고 격리하고 이틀 후에 남편이 목이 이상하다고 보건소가서 검사를 받고 왔다. 병원에 가서 하면 5분이면 알 수 있는데 하루를 기다려야 한다고 해서 딸한테 한 소리 들었다 이튿날 양성 판정이 나서 나는 아무렇지도 않았는데 병원에 가서 검사를 하니 음성이란다

그런데 좋아한 것도 잠시 밤부터 잦은 기침 목이 아픈 것 같고 눈 주위가 침침한 것 같기도 하고 눈물이 나는 것 같기도 하고 안과 다녀온 지 일주일도 안되었는데 안과 검사가 잘못됐나 생각하다가 이튿날 다시 가니 양성

이란다.

 열도 38.5이고 처방전 (남편 것도)을 받아 지정 약국에서 사가지고 와서 복용하니 몸살, 기침, 목, 열이 3~4일까지… 각방에서 4명이 콜록, 앳취, 켁켁, 아구아구 하더니 나는 배까지 싸르르 아프고 설사를 하게 되었다.

 입안이 쓰고 맛을 못 느껴 혹 음식이 상한 것을 먹었나 신경이 쓰여 병원에 가야 하는가 걱정을 하고 있는데 친구가 때마침 전화가 와서 설사 얘기를 했더니 주위 분 중에 설사 증세도 있다고 해서 격리기간 무사히 끝내기로 마음 먹고 사람마다 증세가 조금씩 다르구나! 입맛이 없어도 빨리 이겨내려고 억지로라도 음식을 먹고 옥상에서 산책을 하면서 손뼉을 치고 억지로 웃음을 하하하…. 10여일이 지나니 조금 편해졌다.

 이제는 만보걷기 다시 시작해야지…

 반갑지 않은 친구여 안녕! 다시는 만나지 말자!

 영원히! 지구를 떠나다오!

23. 가족 사진

번쩍! 번쩍! 찰칵! 찰칵!

보는 고개를 왼쪽으로 5도 아니 오른쪽으로 5도 몸은 그대로 서고 눈은

크게 뜨고 나를 보세요! 아니 아니 턱을 위로 5도 올리고 아니 아니 턱을 아래로 5도 내리고 나를 부릅뜨고 쳐다보니 화가 난 것 같네요 다같이 입을 벌리고 이~ 하고 입만 웃으세요 눈이 웃으면 작은 눈이 더 작아 보이니까!

8명 가족사진 찍는데 왜 그리 피곤하고 힘이 드는지 다리가 후들후들 이번에는 결혼 50주년 기념 사진으로 중전마마 임금님 옷을 입고 왕, 왕비가 된 느낌으로 찍고 가족사진은 평상시 차림으로... (50년만에 처음으로 화장을 했다 유난히 작은 눈을 손가락으로 치켜 올리고 속 눈썹을 그리는데 작은 눈으로 이물질이 들어갈까 걱정이 되었고, 눈꺼풀이 피곤하여 긴장을 하니 어깨쭉지

에 힘이 들어가 피곤이 두 세 배 힘이 들었고, 숱도 없는 백발 머리카락을 무언가를 발라 엉성하게 세웠는데 나는 마음에 들지 않았고, 나 같지가 않았는데 딸들은 화장도 예쁘고 머리도 이쁘단다. 앞으로 계속 그렇게 화장도 하고 머리도 하란다 나는 할 줄도 모르고 하고 싶지도 않았다.) 모처럼 화장했을 때 증명사진도 찍자고 해서 피곤해서 찍고 싶지 않았는데... (눈썹도 거의 없고 하해서 주민등록증 새로 만들었는데 무엇인가 필요해서 카메라로 찍는데 인식이 안되어서 애먹은 적이 있어서 화장했을 때 찍기로 했다.)

  새삼 어느 방송에서 보았던 당당하고 멋지게 걷던 모델과 (그 많던 옷, 화장도구 홀로 홀로 외로이 챙겨 들고 다녔다고 함) 그래도 여러 사람 웃고 울리던 영화배우 (그래도 모델과 달리 상대방과 대화하니)가 슬픔, 기쁨, 희망 이야기를 만들어 가니 참 대단하다는 생각이 된다 좋아하고 사명감이 있으니 하겠지만 아무튼 존경스럽다.

가을비는 그칠 줄 모르고 힘이 들어도 계획을 세우고 바쁜 일정 맞춰 맛있는 식사를 하며 이야기 꽃도 피우고 50주년 기념 가족사진을 뜻있고 알차고 멋있게 만들어 준 우리 가족에게 감사하고 행복하다.

환하게 이~ 하고 웃는 가족 사진을 생각하며 기대하며, 즐거운 나의 집으로!

§=128

24. 길치가 가져다 준 선물

코로나 이후 몇 년 만에 모임을 갖는 날이다.

종각역 애슐리 퀸즈에서 만나기로 했다 (식사, 후식, 밀린 수다)

몇 번 갔던 장소이기에 만보 걷기 겸 시간을 여유있게 가지고 나는 의기양양하게 걷는다. 직진, 좌회전 이니까 걷다 보니 공사 중이라 그 전 같으면 줄을 피해 직진했을 텐데 아는 길이라고 반대로 좌회전, 직진을 하면 된다고 생각하고 콧노래까지 부르며 걷다 보니 아니! 이게 어디야!

순간 머리가 뱅글뱅글 눈도 뱅글뱅글 잠시 멈춰 서서 휘~ 둘러본다

상상하던 장소가 아니라 조금 더 걸으면 되겠지 하고 이게 웬일?

언젠가 와 보았던 인사동 골목인 것 같다 (땀이 줄줄)

조금 더 걸으면 될 것 같다 이게 또 웬일? (눈망울은 빙

글빙글 머리도 빙글빙글)

  파고다 공원 종로 3가가 아닌가 (와본 적이 있어서) 길치인 나는 종로 3가에서 종각역이 한참인 것 같아 시간을 확인하고 오른쪽인 줄 알면서도 혹시 몰라 다른 사람한테 길을 묻는다 늦을까 봐 바삐 걷다 보니 비로소 앉아서 기다리던 장소가 보인다

  안심이 되어 혼자 피식 웃으며 그러게 잘난 체 하지 말고 직진, 좌회전 했어야지

  그래도 늦지 않아서 다행이다

  맛있는 식사를 하고 (2시간 정도) 친구가 지인이 하는 보성전통찻집에 가자고 해서 전통찻집으로 갔다. 바쁜 시간이 지나고 우리만 남았는데 찻집주인이 (조계사 합창단) 장구 치면서 한가락 들려주어서 음치, 박치, 몸치인 나는 기분이 좋아졌다. 한 공연을 마치고 한 친구만 남고 제 갈 길로 돌아갔다.

  나는 광화문 광장에 들러 분수대 앞 뛰어 다니는 아이들이나 보고 가야지 했는데 약간 쌀쌀하니 재잘재잘 깔깔대던 아이들이 없으니 괜히 왔나 하다가

이순신 동상 앞에 (새로 단장함) 멈춰 서서 한 박자 느리게 운치를 느껴볼까 하다가 좌측에 쓰인 명언을 하나하나 소리내어 읽어본다. 많이 들어본 명언이다.

 오른쪽으로 발길을 돌려본다 노량, 명량해전만 알다가 (옥천, 사천, 당포, 한산도, 제1.2차 대항포, 안골포, 부산포, 웅포, 절이도 해전) 나의 무지함에 깜짝 놀랐다.

 새삼 놀라 늠름한 이순신 장군을 보고 싶어 동상을 올려다보다가 (너의 이름이 무엇이냐? 어떤 이름을 지어줄까?)

 이름 모를 구름이 떠 다니는 북한산 자락까지 올려다보며 노래한 소절이 생각나 흥얼흥얼… (…북한산에도 서리왔겠지 봄이 오면 다시오마 일러두고 가거라~)

 그래도 오늘은 길치 덕분에 인사동 산책에 친구덕에 음치, 박치 몸치 눈호강, 귀호강, 입호강하고 한 박자 늦춰 운치 즐기고 정치까지 즐기니 이보다 더 행복할 수 있을까 오늘도 추억한 페이지를 만들었구나.

25. 이삿날에 생긴 일

할아버지 손 꼭 잡고 색동저고리 연분홍치마 입고 쫄랑쫄랑 길을 나선다. 작은 아버지 새로 이사한 집으로 가는 길이다. 그런데 작은 엄마가 보이지 않았다. 강직한 작은 아버지가 집으로 (청탁) 가지고 온 선물 때문에 (찾아서 갖다 주라고) 내쫓았기 때문이다. 할아버지는 여기에 가만히 있으라고 하시고 작은 엄마를 찾으러 가셨는데 어린 나는 사촌들 말도 듣지 않고 할아버지를 찾겠다고 슬그머니 혼자 나와서 아까 왔던 길을 망설이지 않고 찾아 나섰는데 조금 걷다 보니 전혀 다른 길로 온 것 같았다.

그래도 놀라지도 않고 이쪽으로 가면 작은 아버지를 만날 것 같아서 (군청) 앞만 보고 걷는데 점점 이상한 길이 보인다 (지금의 둘레길) 시냇가에 아주머니가 빨래를 하고 그 옆에 내 또래 아이가 흰저고리에 검정치마 검정 고무신을 신고 부러운 듯 바라보고 있는데 그 아주머니가 부럽니? 다음에 꼭 사주마하는 소리가 들린다.

 나는 의기양양해서 팔딱 팔딱 뛰면서 동요를 부르며 걷는다.

 빨래 방망이 소리 시냇물 소리 새소리가 악기 소리 같았다. 그것도 잠시 배 속에서 (꼬르륵) 밥 달라고 다리도 아프고 내가 생각했던 길은 나오지 않고 사람도 없고 무서워지려고 할 즈음 오색 헝겊이 바람에 날리고 맛있는 냄새가 난다. 킁킁거리며 가보니 떡 등 맛있는 음식이 보였다 (서낭당)

 배가 고프니 왜 그리 맛있는지 허겁지겁 먹고 나니 눈이 스르르 감기려고 하는데 눈을 비비고 일어나다 보니 웬 돈(?) 같은 것이 보였다. 얼른 집어 들고 다시 할아버지를 찾아 발걸음을 옮긴다. 거의 지쳐갈 즈음 낯익은 길이 보인다.

 방긋 웃으며 찾았네 이제 겁나지 않아 혼자 집으로 갈 수 있어 하면서 걷는다. 안면 있는 이웃 노인도 만났다.

깜짝 놀라시면서 두리번거리시더니 너 혼자 왔냐고 어디 갔다 오냐고 데려다 주겠다고

 아니! 나 혼자 갈수 있다고 우기면서 앞서 걷는다 (사실 아까는 무서웠는데) 뒤에서 지켜주고 갈래 길까지 와서도 내 뒤를 따라오신다. 나는 혼자 갈수 있다니까 왜 쫓아오냐고 소리 지르며 달린다.

 집으로 돌아온 나는 글씨도 못쓴다고 놀린 (그때는 영어) 작은 아버지와 서낭당에서 가져온 종이돈 4개와 동전 5개를 바꾸자고 해서 바꿨는데 그 얘기를 두고 두고 놀렸었다. 나는 나중에 내 돈 내놓으라고 작은 아버지를 괴롭혔었는데…

 지금도 가끔 돈을 볼 때마다 옛날 생각이 나서 배시시 웃으며 추억에 잠긴다.

26. 나도 왕따였다.

나는 왕따였다.

검정치마에 흰저고리 입던 시절 색동 저고리 연분홍치마 입고 다니며 애기씨 소리 들으니 그럴 수 밖에....

내 옆에 유난히 키가 큰 방앗간 집 딸이 항상 지켜주었다.

매일 매일 앞 뒤로 쫓아다니며 놀렸다.

천천히 가면 뒤로 와서, 빨리 가면 앞에까지 와서. 상대하기 싫어서 화가 났지만 참고 견뎠다.

너는 착하기만 하고 어르신께 말하면 혼내 줄텐데 왜 가만히 있냐고...

그렇지만 그렇게 하기 싫었다. 나 혼자 이겨내고 싶었다.

오늘은 또 고동색 골덴 상의에 까만 무궁화 꽃이 새겨진 옷을 입고 가죽으로 된 메는 가방을 메고 학교에 갔다. 헝겊으로 된 천에 책을 돌돌 말아 메고 다녔을 때다. 그 날은 더 심하게 괴롭혔다. 일본인 옷을 입었다고.

몸을 치기도 하고 가방을 당기기도 하고 참다 못한 나

의 친구가 눈을 찡긋하더니 나보고 앉아 있다가 오라고 해서 (다치게 하면 안된다!) 시키는 대로 했는데

그러더니 앞으로 달려가더니 언덕길에서 밑 밭두렁으로 두 친구를 밀어 버렸다.

순식간에 일어난 일이라 다치지 않았나 쳐다보니 키가 큰 친구가 괜찮다고 해서 안심이 되었다. 콩가루 묻힌 인절미처럼 일어나며 울고 있는 모습이 왜 그리 우스운지 참을 수 없어 까르르까르르… 그러게 내가 혼내 준다고 했지 착한 친구가 어르신께 말하지 않아서 많이 참았다 메롱…

그 뒤로 더 이상 놀리지는 않았다.

그래도 심심했다. 웃고 떠들고 뛰고 빨리 오갈 수 있었는데…

그 친구는 무엇을 어디에서 살고 있는지 궁금하기는 하다.

양반이라는 무게에 눌려 유년시절을 제대로 즐겨보지 못하여 추억이 많지 않구나… 그립고 보고 싶다 친구들아!

§=136

27. 비건

　오늘도 산책길을 나선다. 미세먼지가 많아 하늘을 올려다보다가 벽에 한 귀퉁이가 떨어져 팔랑팔랑이는 벽보를 다시 붙이려다가 우연히 눈에 들어온 (글: 모임) 장소
　시간을 확인하고 한바퀴 돌다가 가볼까나 생각하고 부동산 가서 주소지를 확인하니 잘 모르시겠다더니 괜찮다고 하는 데도 문을 닫고 앞장서 찾아서 일러주신다.
　감사하다고 했더니 당신도 아셔야 한다고 하시면서 잘 듣고 가시라고 하신다.
　지하인데 얼굴을 빠끔히 들여다보니 들어오라고 손짓을 하신다.
　조심조심 살금 살금 살피며 오래 서 있거나 앉아 있거나를 잘 못해서 또 화장실이 있나 확인하면서 들어섰는데 늙은이는 나 혼자고 다 20대 젊은이여서 망설이는데 의자를 가르킨다. 책 한권을 들고 한참 강의 내용을 들

어보니 좋은 내용이었다.

 쓰레기 줄이기, 재활용, 폐건전지 등…) 취지는 좋은데 내가 생각했던 글쓰는 모임이 아니라 비건모임이란다. 끄적 끄적 내가 쓰고 있는 글을 정리하려고 돌렸는데 방향이 맞지 않아 일어서려는데 누군가 질문을 한다.

"교사 1년차인데 남편과 식성이 안 맞는데 어떻게 하나요?" 교사 6년차 강사님 말씀 부부가 따로 각자 해결하고 학교에는 도시락 싸가지고 다니란다. 내용을 듣다보니 황당해서 (개인주의, 이기주의?) 말이 나오려다가 그러면 안 되지요… 아이들 식사 예절도 해야 하고 편식하는거 지도해야 교사들인데 (못마땅해서) 한 마디 툭 던지면서 나오려다가 내가 지금 무엇을 듣고 젊은이들에게 무슨 참견을 한거야… 뒤통수가 부끄러웠다.

 썩 좋지 않은 기분으로 들어왔는데 이 시간까지 어디 갔다 오셨냐고 하길래 조금 전 이야기를 꺼냈더니 엄마! 왜 참견을 하시냐고 핀잔을 준다. 기분이 좋지 않았는데 핀잔까지 들으니 심기가 불편했다 갑자기 어디에서 읽은 글 귀절이 생각난다.

"늙은이가 되면 설치지 말고 미운 소리, 우는 소리, 허튼소리, 군소리랑 하지 마소 묻거들랑 가르쳐 주기는 하나 알고도 모르는 척 지내시구려…"

이 미묘한 감정을 어떻게 표현할까 기분이 좋지 않았다.

28. 인왕제색도

  주민자치참여 인왕제색도 미술모임이 눈에 띄어 (화가...) 기웃기웃 보건소 1층에 모였다. 그리는 방법 (채색, 구도)을 조금 이해할 겸 무료한 시간도 보낼 겸 그림모임이라는 글자만 보고 들렸다.

  4층 옥상으로 가서 인왕산을 보여 주실 때는 지금의 (2022년) 인왕산을 생각하니 기분도 좋았다. 밑그림을 그리라고 하시더니 참조하라고 보여주시는 그림이 생각과 달라서 현재의 인왕산을 그리는 게 아니냐 여쭤보니 대답이 없으셨다.

  몇몇 사람이 귀퉁이 귀퉁이를 즐거운 마음으로 밑그림을 그렸는데 (꽃, 다리, 정자, 나무, 산, 들...) 밤사이에 밑그림은 사라지고 추상적인 그림으로 변해 있었다.

  10호짜리 6개를 (1개는 어린이, 5개는 어른) 그려야 한다고 하시길래 5개중 봄, 여름, 가을, 겨울, 야경을 하면 어떻겠냐고 말씀드리니 아무 말씀도 없이 밤새 채색으로 추상적으로 바뀌었다. 그 뒤로 다른 사람들은 오지 않고 나는 의도를 모르니 따를 수 밖에…

그래도 한 가지는 배웠다. 100호짜리가 엽서 100개의 크기라는 걸.

어느덧 완성되어 벽에 전시되었다. 오가는 사람들을 잠깐 잠시 멈추고 눈을 시원하게 인왕산을 생각하면서 행복한 하루를 만들어 자기를 기원해 본다.

29. 살고도 싶고 살기도 싫고
죽고도 싶고 죽기도 싫고

오늘도 살겠다고 아픈 몸을 이끌고 걷고 있다. 그런 내가 한심하다.

우리 딸들은 겉옷만이라도 계절에 맞게 입고 다니라고 사람들이 치매환자라고 생각한다고 말하지만 누가 내속을 알겠는가! 야속하기만 하다.

외롭고 괴롭고 슬프다. 그래서 나가기도 싫고, 모임에 가기도 싫어진다.

그런데 걸을 때는 괜찮다가도 뼛속 아니 내장까지도 추워지니 내가 생각해도 이해가 안된다.

살고도 싶고 살기도 싫고 죽고도 싶고 죽기도 싫고
참 사람의 욕심은 끝이 없다. 죽어야지 하면서 끙끙 아구아구 하면서 열심히 걷는다. 사는 날까지 살아야 하니까.. 어느새 예쁘고 창출했던 꽃도 시드니 보기 싫고 젊고 팔팔했던 나도 늙으니 초라하다. 눈물이 난다 자연이나 인성이나 어찌 그리 같은지…

 이 우주에 태어난 동식물, 잡초, 미생물까지도 이름이 있는데 (너의 이름이 무엇이냐: 누군가 내 이름을 불러 주었다!)

 태어날 때 지어주신 이름 玉周 (두루두루 옥구슬로 빛나게 해주길) 저 세상으로 떠나갈 때까지 잊어버리지 말고 항상 기억해 주길 간절히 기도한다!

30. 벚꽃 축제

　며칠 전부터 벽보판에 벚꽃 축제가 4월 1일에 한다고 붙어 있어서 벚꽃나무를 쳐다보니 꽃봉오리가 터질락 말락 한 두 개 핀 것도 있어서 축제날 필 수 있을까 했더니 거짓말같이 눈송이가 날리듯 흐드러지게 되었고 설상가상 상큼한 봄바람까지 콧속을 간지럽히며 눈송이처럼 꽃송이가 날리어 머리 위로 나비핀 모양 사뿐히 내려 앉고 한 켠에는 먹거리 다른 한 켠에는 볼거리, 즐길 거리. 각종 꽃가지 등… 중앙에서는 흥겨운 노래가락까지…

　코로나 이후 오랜만에 귀호강, 눈호강, 코호강, 꽃송이를 맞으며 어린이 마냥 두리번거리며 나눠주는 팝콘까지 먹으며 걷고 있는데 노인을 위해 간호사가 당뇨, 혈압 검사를 해주고 있어서 반가웠다.
　체크해보니 혈압이 높았다. 스트레스 받지 말고, 많이

걸으라고 하신다.

 먹거리 코너에서 수묵을 사니 행운권을 주신다. 기대를 걸고 왔다 갔다 하면서, 흥겹게 아는 노래를 따라 부르며 즐기다가 너무 오래 걸려서 포기하려다가 돌아서 오는데 당첨? 번호를 다시 확인하고 달려나가 상품을 받아 들고 경쾌하게 즐겁게 집으로 향한다. 역시 선물은 좋은 것이여!

 오늘은 행복한 하루다.

 자그마한 꽃송이가 모이고 모여 어우러져 흐트러지게 햇빛을 받아 보석이 반짝이듯 황홀하였고 우리 마을 주민들도 벚꽃처럼 한데 어울려 손뼉 치며 함박웃음으로 양보하고 사랑하며 오늘처럼 행복하시길 간절히 바라면서…

31. 쫑알쫑알

  뒤척이다 늦잠을 잤다 나갈까 말까 뒹굴뒹굴 뒹굴다가 벌떡 일어나 산책길에 나선다 명절이 지나서 하루사이에 옷깃을 여미게 만든다 내 낭군 아침 늦을까봐

  걸음을 재촉하는데 마을버스 정류장에서 우연히 들려오는 소리…

  "아니! 세탁기를 켜고 작동을 안하면 어떡하냐고! 짜증스런 목소리로 화를 내시는 아주머니! 순하고 착한 아저씨 허허허 웃으시며 깜박했네…"

  그래도 여전히 퍼붓는 아주머니 지난번에는 아침밥도 못먹게 하고…

  아마 취사 버튼을 깜박하셨나 본데 그래도 허허허 쫑알쫑알…

  발걸음 재촉하던 나는 그 소리를 듣고 피식 웃음이 나왔다.

§=146

우리집 낭군님은 세탁기는 물론 밥솥은 더더구나 거리가 멀다.

나가서 사먹으면 사먹었지 안배운다고 하는데...

행복 넘치는 사람 싸움을 노래삼아 발걸음을 재촉하면서 얄미운 낭군 식사 늦을 세라 걸음을 재촉한다.

그래도 잘 하는 것 한가지 찾아보니 건조된 빨래는 잘 개키는데 그거면 됐지 뭐… 웃으며 우연히 고개를 들어 파란 하늘을 쳐다보는 순간

파아란 하늘에 인왕산 위로 보름달이 (이 새벽에) 환하게 웃어 준다.

새벽에 보름달을 본 기억이 없는데 오늘은 운이 좋은 날이다.

보름달처럼 환하고 행복이 올 것 같다

32. 노숙자

100 L짜리 십여개 짐수레 운반차 1개를 끌고 다니며
은행창구 건물앞 입구 등 보따리 풀수 있는 곳이면
비가 오나 눈이 오나 추우나 더우나
항상 부시시 헝클어지고 엉긴 머리를 가끔 쓸어 올리며
웃음기 하나없이 앉아 있거나 누워있던
가끔 외래어처럼 중얼거리던 아주머니가 보이지 않아
시설에 가셨구나 했는데 몇 개월 지나니 또 보이기 시작했다.

하긴 어떤 새는 새장에 갇히면 자유를 찾아 가고파
새장에 머리를 부딪혀 죽는다고 한다.

내 생각에는 눈, 비, 끼니 걱정 안하고 사랑도 받는데
자유가 그리워 목숨까지 거는데 하물며
인간인 아주머니도 시설에 갇혀 있는게 싫으신가 했는데

다시 보이기 시작했다.

그런데 오늘은 어디서 머리도 감고 빗도 손에 쥐고 긴 머리를 두 갈래로 매만지며
 새벽햇살에 초가을 콧바람 쐬며 미소 짓는 모습이 참으로 행복해 보였고,
 천진난만한 아기 같았다.
 나도 꿈을 꾸는 것 같아서 한참을 바라보며 미소 짓는다.
 그래! 자유가 그리웠겠지…
 그후 또 며칠 보이지 않는다 그것이 마지막인가…
 눈에 선하다.

33. 지렁이

지렁이가 밖으로 나와 밟히고 차이고 말라 죽어 있다.
평온한 자기 집에 있지 무엇하러 가출을 했나 안쓰럽다.
청소년들이여 행복한(?) 가정을 어떠한 이유로 나와 방황하는지 모르겠지만…
빈부를 떠나 자기 만족은 없나보다.
부모님과 대화하고 자기의 생각을 소신있게 잘하고
본인이 책임을 질 수 있도록 확실하게 다짐하고 나와서
소박하고 조그마한 꿈(?) 크고 높은 꿈을 이루든
주위 사람들에게 피해 주지 말고 도움만 받지 말고
도움을 줄 수 있는 청소년들이 되어 주길 바란다.
이 세상은 녹녹치 않다. 거저 얻어지는 소득은 없다.
치이고 짓밟혀도 하나만은 마음에 새기자.
그릇된 길 말고 올바른 길로 소신껏 살아내는 청소년이 되길 빌어본다.

§=150

밟히면 꿈틀대는 지렁이처럼 있는 오기로 당당히 버텨주길 바라며....

34. 고목나무

 옛날 속담에 사람든 것은 알아도 난 것은 모른다고 한다. 대가족시절에 십여명이 방바닥에 빙 둘러앉아 커다란 양푼에 밥을 비벼
 한 숟가락이라도 더 먹겠다고 빡빡 양은 그릇이 뚫어져라 긁었던
 그 모습이 아련히 떠 오른다. 그러니 누가 빠졌는지 알지도 알려고도
 하지 않고 한 숟가락이라도 더 먹겠다고 밀치고 당기던 그 모습이 그리워진다.
 지금은 핵가족이라 3명 많으면 4명 한명이라도 빠지면 무슨 일이 있나 아프지는 않은가 걱정을 하지 않는가!...

 지금 나는 울창한 나무가 하늘을 반쯤 가려 햇님을 가

리던가

 눈이나 빗줄기를 조금은 가려주는 공원을 걷고 있다.

 만보걷기 하느라 서둘러 아침상을 차리느라 주위를 둘러 보지도 않았는데

 어느날 나무기둥에 매달려 대롱거리는 비닐이 보여 다가가서 자세히 들여다보니 잎이 하나도 달려 있지 않은 고목나무가 서 있지 않은가!...

 잎이 다 떨어지도록 죽어가는 나무를 처음 보았다.

 무성한 나무에 가려 죽어가는 나무를 보지도 못했으니 참으로 무심한 생각이 들었다.

 거기에는 나무의사가 적어 놓은 글자 "얼마 후에 배어 내겠습니다."

 기분이 묘했다. 중환자실에 누워 있는 환자의 모습과 너무 똑같아 섬뜩했다.

 그후 바삐 걷느라 대롱거리던 나무의사의 메모가 없어진것도 모르고

 갑자기 생각이 나서 휘 둘러보니 없어져 버리고 어디

쯤에 있었던가 찾아보니
 흙속에 동그란 (방석) 나이테가 흙과 엉겨 겨우 보였다. 언제 사라졌나!.....

 중환자실에서 사라져간 사람처럼 나무도 언제 갔는지 모를 정도로
 아니 아무도 기억나지 않도록 밑동만 흙속에 (자세히 보아야) 묻혀 있으니,
 우리네 인생과 나무의 인생도 다를바가 없구나.
 흔적도 없이 사라져가고 서서히 잊혀져 가고 나무의 삶도 똑같구나!
 사람은 기일을 찾고 생각도 가끔은 하겠지만,
 눈, 비, 햇님 막아주던 나무를 기억이나 해주려나…

풍선 같은 인생아
이 옥 주

 예 다 인

서울특별시 중구 충무로7길 21
T. 010.4357.5005
F. 02.2266.5005
E. w8585@hanmail.net

펴낸이 : 유 재 경
펴낸날 : 2024.9.30

ISBN 979-11-973518-6-0